B.A.СУХОМЛИНСКИЙ

家长教育学 2

苏霍姆林斯基给儿女的家书

[苏联] 瓦·亚·苏霍姆林斯基 著

蔡 汀 译

中国妇女出版社

图书在版编目（CIP）数据

家长教育学．2，苏霍姆林斯基给儿女的家书 /（苏）瓦·亚·苏霍姆林斯基著 ；蔡汀译．-- 北京 ：中国妇女出版社，2021.1

ISBN 978-7-5127-1922-4

Ⅰ.①家… Ⅱ.①瓦… ②蔡… Ⅲ.①家庭教育－教育学 ②书信集－苏联 Ⅳ.①G780②I512.65

中国版本图书馆CIP数据核字（2020）第197136号

家长教育学2——苏霍姆林斯基给儿女的家书

作　　者：［苏］瓦·亚·苏霍姆林斯基 著　蔡　汀 译
项目统筹：廖晶晶　应　莹
责任编辑：耿　剑
封面设计：李　甦
责任印制：王卫东
出版发行：中国妇女出版社
地　　址：北京市东城区史家胡同甲24号　　邮政编码：100010
电　　话：（010）65133160（发行部）　　65133161（邮购）
网　　址：www.womenbooks.cn
法律顾问：北京市道可特律师事务所
经　　销：各地新华书店
印　　刷：北京中科印刷有限公司
开　　本：150×215　1/16
印　　张：12.25
字　　数：131千字
版　　次：2021年1月第1版
印　　次：2021年1月第1次
书　　号：ISBN 978-7-5127-1922-4
定　　价：59.80元

推　荐

苏霍姆林斯基是世界著名教育家，他的教育思想核心是相信人，相信每一个孩子。他说："每一个儿童身上都蕴藏着某些尚未萌芽的素质。这些素质就像火花，要点燃它，就需要火星。"教育就是火星。苏霍姆林斯基非常关心家庭教育，认为教育要从家庭开始。《家长教育学》是他献给每一位父母育儿的教科书，指导父母点燃儿童的火花，使儿童的天赋和才能充分地发挥出来。

我国家庭教育需要大力加强。中国妇女出版社组织专家重新翻译出版苏霍姆林斯基的这部重要著作，正是适逢其时，具有重要的现实意义。

顾明远

北京师范大学资深教授

中国教育学会名誉会长

国家教育咨询委员会委员

推 荐

家庭是儿童生命的摇篮，是人出生后接受教育的第一个场所。父母是孩子的第一任老师，也是终身的老师。父母带给孩子什么，往往就决定孩子会成为什么样的人。人的认知风格、行为习惯、性格特征，都是在童年、在家庭奠基形成的。苏霍姆林斯基的《家长教育学》用朴素易懂的语言，讲述了家庭教育的深刻道理，为父母与孩子一起成长指明了方向。

朱永新

中国教育学会学术顾问，家庭教育专业委员会理事长
中国陶行知研究会会长，苏州大学教授、博导
新教育实验发起人

推　荐

苏霍姆林斯基的家庭教育思想集中体现在了《家长教育学》一书中。用苏霍姆林斯基自己的话说“是我长期思考的结果”，是一生在教育实践中努力探求的结晶。全书引用大量活生生的事实，叙述生动活泼，深入浅出地向家长说明教育子女的科学道理，是一部富有教育意义的家庭教育专著。本次由中国妇女出版社组织专家重新翻译出版，对于今天我们从事家庭教育的科学研究和实际工作，都具有很大的启发和借鉴意义。

赵忠心

北京师范大学教授

中国教育学会家庭教育专业委员会原理事长

中国家庭教育学会原副会长

苏霍姆林斯基小传

苏霍姆林斯基的名字及其著作已广为世人瞩目。他的全名叫瓦西里·亚历山德罗维奇·苏霍姆林斯基。他是苏联时期杰出的教育实践家和理论家、俄罗斯联邦教育科学院和苏联教育科学院通讯院士。

苏霍姆林斯基于1918年9月28日出生在乌克兰基洛夫格勒州奥努弗里耶夫斯克区瓦西里耶夫卡村的一个贫苦农民家庭。

1926年，小瓦西里上了小学，就读于瓦西里耶夫斯克的一所七年制学校，成绩突出，成为该校最有才华的学生之一。

1933年，苏霍姆林斯基从七年制学校毕业。在那个年代，由于苏联大力发展教育，中小学校急剧增加，迫切需要大量的师资。他毅然前往克列明楚格师范学院进行师资培训班的学习。

1934年，苏霍姆林斯基从师资培训班毕业。正是在这里，他立下誓言，要将自己的毕生精力奉献给祖国的教育事业。

从1935年开始，苏霍姆林斯基先后在奥努弗里耶夫斯克区的瓦西里耶夫斯克和济布科夫两所七年制学校教乌克兰语和文学，也就在这时，他加入了共青团。

1936年，苏霍姆林斯基去波尔塔瓦师范学院继续深造。在学院里，他先后获得了乌克兰语文初级中学教师、乌克兰语文高级中学教师资格。

1938年，他从波尔塔瓦师范学院毕业，回到奥努弗里耶夫斯克。从1938年到伟大的卫国战争爆发，苏霍姆林斯基一直在奥努弗里耶夫斯克中学担任乌克兰语文教师，后又兼任教导主任。

1939年8月，苏霍姆林斯基在该中学被吸纳为共产党员，当时年仅21岁。

1941年6月22日，德国开始进攻苏联。这年7月的一天，苏霍姆林斯基接到军事委员会的通知，让他去军事学院学习。7月28日，苏霍姆林斯基被授予初级政治指导员称号。一个星期后，被任命为连政治指导员的苏霍姆林斯基，为保卫祖国已战斗在硝烟弥漫的防线上了。

1942年，苏霍姆林斯基在尔热夫市市郊受了重伤，在乌瓦镇和乌德穆尔特住了几个月医院。伤愈出院后，苏霍姆林斯基作为残疾军人复员，到教育人民委员部报到，重返教育岗位。他成为乌瓦镇工人村一所中学的校长。

1944年秋天，苏霍姆林斯基同妻子安娜·伊万诺夫娜·苏霍姆林斯卡娅回到了乌克兰，在乌克兰的基洛夫格勒州奥努弗里耶夫斯克区工作了4年，任区国民教育局局长，同时还在中学里兼课。

1948年，根据苏霍姆林斯基的请求，他被任命为帕夫雷什中学校长。从此直到去世，长达32年之久，他就没有离开过这所学校，一直担任这所中学的校长、教师。

在这32年中，作为帕夫雷什中学的校长，苏霍姆林斯基一心扑在教育上。他不仅是一位优秀的学校领导、教师的楷模，更是学生的良师益友，他把每一个学生视为“我的孩子”。他付出了极大的精力，使帕夫雷什这所极为普通的农村中学，在办学上达到了苏联当时最优秀的水平，成为先进教育的实验地。

1959年，苏霍姆林斯基被选为代表，出席乌克兰教师代表大会。这次大会授予他“功勋教师”的称号。1960年，他被选为全俄教师代表大会的代表；1968年6月，被选为全苏教师代表大会的代表，也就是在这次全苏教师代表大会上，他光荣地获得了“社会主义劳动英雄”的称号。另外，他还曾荣获两枚列宁勋章、多枚苏联奖章和一枚马卡连柯奖章。

同时，苏霍姆林斯基在教育方面的创作也进入到一个新的阶段。他撰写了大量的教育专著和论文，创作专著41部，论文600多篇，寓言、童话和小故事1000多篇。他的首部专著《学生集体主义的培养》于1955年问世。20世纪60年代，他迎来了创作的高峰期，相继出版了《学生的精神世界》《年轻一代共产主义信念的形成》《帕夫雷什中学》《我把心给了孩子们》等。特别是《我把心给了孩子们》一书，再版多次，荣获了乌克兰苏维埃社会主义共和国教育协会一等奖（1973年）和乌克兰国家奖（1974年）。

教育家、著作家苏霍姆林斯基在生命的最后几年，还创作了

《公民的诞生》《培养集体的方法》《和青年校长的谈话》《给教师的100条建议》《给儿子的信》《全面发展的人的培养问题》《怎样培养真正的人》等重要著作。它们和前面提及的著作一起汇成了苏霍姆林斯基教育科学思想宝库。他的专著被译成30多种文字在国内外出版，引起了世界范围内的教育科学研究者、教师、教育专家们的重视并得到研究，获得了高度的评价和赞誉。由于苏霍姆林斯基著作甚丰、理论研究成果卓著、才华出众，1968年2月，他被推选为苏联教育科学院通讯院士。

在这32年中，苏霍姆林斯基还发挥了一个教育活动家的作用。他积极参加了各种教育科学研究方面的学术报告会、会议、座谈会等。苏联教育科学院和教育部多次派他出国访问、讲学，他先后去过古巴、民主德国、保加利亚、匈牙利、罗马尼亚等国。

1970年9月2日晚8时30分，苏霍姆林斯基由于病情恶化，心脏停止了跳动。他的去世引起了世界许多国家人民的关注，以各种方式对他的去世表示哀悼的人数不胜数。苏霍姆林斯基已在人们心中树立起一座不朽的丰碑，他永远活在人们的心里。

苏霍姆林斯基在生前总爱重复一句话：“人生下来，并不是为了像无人问津的尘埃那样无影无踪地消失。人生下来是为了在自己身后留下痕迹——永久的痕迹。”这句警句，正是他本人的写照。

2007年3月9日

2020年12月修改

译者简介

1998年11月，在纪念苏霍姆林斯基80华诞国际研讨会上，蔡汀与苏霍姆林斯基的女儿奥莉娅·苏霍姆林斯卡娅合影，并将翻译的《怎样培养真正的人》一书赠送给她。

蔡汀，原名蔡兴文，翻译家、著作家。1933年10月25日生于吉林省海龙县。1950年11月参加抗美援朝战争，在中央军委技术部工作。转业后，先后在文化部社管局、北京图书馆工作。1994年2月退休。一生几乎都在与俄语打交道，从1958年起开始翻译与写作，直至今日从未停笔。他曾写自题诗一首："我本平庸，不甘寂寞，耕之不懈，为之求索。投之以苦，报之以果，刻雕痕迹，身后留歌。"

主要作品：

主编《苏霍姆林斯基选集》（五卷本，约300万字），2001年由教育科学出版社出版，曾获国家图书奖提名奖和教育类图书一等奖，2011年再版。

主编《莫泊桑中短篇小说全集》（四卷本，约200万字），1996年由花山文艺出版社出版。

著译作品有《怎样培养真正的人》《书成就梦想》《俄罗斯名画的诞生》《名画的诞生》《马克思的自白》《马克思的青年时代》《列宁三次被害记》《走进教育家苏霍姆林斯基》《礼貌城的故事》《小淘气漫游童话国》《一只神秘的漂流瓶》《小马戏演员》《侦察员与女嫌疑犯》《挽救》《女子风采大全》等30余部。

传记录入《中国图书馆名人辞典》《中国当代著作家大辞典》《中国专家大辞典》《中华名人大典》。

译者的话

此次出版的《苏霍姆林斯基给儿女的家书》，系从《家长教育学》一书中选译出来的。作者是闻名于世的苏联著名教育家瓦·亚·苏霍姆林斯基，在其去世后，由其爱妻安娜·苏霍姆林斯卡娅汇编成书。此书过去于1981年有过译本，共22封信，译者在翻译后，曾在书中写明“对原文略作删节”。现在发现给儿子的信，不止22封，而是30封信，如果单独出书，定有出版价值。

给儿子的信、给女儿的信，不是苏霍姆林斯基真给自己儿子、女儿写的信，而是教育家借用通信的方式，从父亲的角度，深刻而生动地论述了父母应如何正确地对子女进行教育，这是一部具有独特风格的教育评论作品。书中每一封信述说一个主题，主题的题目是由中国妇女出版社编辑所加，绝妙，有利于读者阅读。读者，尤其是青年男女读到后，都会从中悟出一个人在人生最宝贵的青年时代，应当如何做才无愧于自己的青年时代。本书应成为青年人必读的佳书。

2020年9月24日

目　录

第1封信

不要忘记你是什么人，是从哪里来的

亲爱的儿子：

你好！

噢！你已从父母的“巢”中飞走了，住进大城市，在大学里学习，想必觉得自己是个独立自主的人了。凭我的经验可知，此时的你正处在新生活的激流之中，自然不大去想念父母的家，不大想念我和你的妈妈，更不会惦念我们。这一点，等你品尝到生活滋味的那个时候才会领悟到。

……这封信，是你从父母的“巢”中飞走后，我写给你的第一封信。真希望这封信能永远留在你身边，希望你把它保存好，反复去阅读、去思考。我和你妈妈都知道，你们这一代年轻人对父母的教诲总有点儿满不在乎的态度！说什么，你们看不到和理解不了我们所看到和理解的那些东西。也许是这样吧……也许你读完这封信之后，可以把它随便扔到什么地方，免得去想父母那些无休止的唠叨。咳，有什么法子，扔就扔吧！但有一点你要记住，把它扔到某个角落就行。因为总有那么一天，你会想起那些教诲，你会对自己说：“父亲的话还是对的……”于是你觉得必须重新去读那封几乎被遗忘的旧信。你会找出它，重读一遍，而且你会终生把它保存好。

我也曾保存着父亲给我的第一封信。从父母的“巢”中飞走的时候，我才十五岁，进了师范学院学习。那时正值艰难的、饥饿的1933年。我清楚地记得母亲送我去参加入学考试时的情景。她用一条干净的旧头巾，包着一直保存在箱子底的一块粗麻布和一个食品袋，里面装有几块用土豆皮与糠麸做的烤饼，还有两瓶炸豆。妈妈在那一天所能给我的就是这些。我的学业开始了。难啊！在我饥肠辘辘之时去学知识，非常之难。但也就在此时，新粮打下来了。妈妈将用新的黑麦面烤得的第一个面包送给我的那一天，我永远也忘不了。当时是由马特维爷爷转交给我的，他是农村供销公司的马车夫，每周总要进城一次去办货。圆面包软乎乎的、香喷喷的，上面有一层松软的面包皮，装在一个洁净的麻布袋里。就在圆面包旁边有父亲的一封信，就是我向你谈到的那第一封信，我把它看作对我的第一个教诲，至今保存在我身边……父亲写道：“不要忘记，儿子，面包是生活必需品。我虽不信上帝，但我称面包是神圣的。愿它在你的一生中都是神圣的。要记住，你是什么人，是从哪里来的。要记住，这面包来之不易啊！你的爷爷、我的父亲奥梅里柯，是个农奴，他是手扶着犁死在田地里的。任何时候都不要忘本。不要忘记在你学习的时候，是谁在劳动，是谁在为你提供生活必需的面包。就是在你学成之后，当了老师，你也不要忘记面包是怎么来的。面包是人用劳动换来的，这是未来的希望，也是一把尺子，永远去衡量你和你的孩子们良心的一把尺子。”

儿子，我为什么要给你写这一点呢？如果我在日常劳动的忙碌之中，忽略了对你详细述说这一切，这就不好。你应当记住这一切，我反复对你说的这些话，就是我的父亲告诫我的那些话：不要忘记，你是什么人，你是从哪里来的；不要忘记，我们的根本是劳动人民、土地、神圣的面包……

我国的语言有几十万个词，但我就是要把这三个词：面包、劳动、人民放在首位。这是支撑我们国家的三根基柱，也恰恰是我们制度的本质。这些基柱如此牢固地连接着，任何东西既不能将它们割断，也不能将它们分开。如果有人不知什么是面包、什么是劳动，那他就不再是本国人民的儿子。这个人就将丧失人民最优秀的精神品质，会变成被社会抛弃的人、失去人格的人、不受人尊敬的人。谁若是忘记劳动、汗水和疲劳是什么，那他就不会去珍惜面包。

让我引以为傲的，就是你知道在农田里劳动之甘苦，懂得粮食来之不易。你会记得，在一次五一国际劳动节前夕，我到你们班里（好像那时你正在读九年级），转达了集体农庄机械手们的一个请求：请你们在节日期间到田地里代替我们，我们想休息一下。你会记得，起初要你们所有的年轻人脱下节日的盛装，穿上工作服去开拖拉机，去做农具手，还真有点儿不大情愿呢。可是两天过去后，你们回到家里，有了当劳动者的感觉的时候，你们的眼里流露出一种骄傲的目光。

说实在的，我根本不相信会有那种“巧克力糖”式的共产主义。说什么一切物质财富会极大丰富，所有人都会得到充足供应，仿佛只要一伸手，就会什么都有，一切都会轻而易举得到。只要是你想要的，就会出现在你面前，随你心愿。假如一切都是这样的话，那么人将会变成什么样鬼才知道，大概是令人厌烦的动物吧。幸好，将来不会如此。如果没有紧张、没有努力，不流汗、不劳累，也没有任何的焦急和不安，人是任何东西也得不到的。将来到了共产主义，也要磨出手茧，也要有不眠之夜。而最主要的，人永远是靠着智慧、良心和尊严来支撑的，人永远是靠着自己的汗水获取粮食的。人有一种永无止境的追求，就是让土地给予的越多越好，人类粮食之根将永远建立在这一基础上。对于这个根，每个人都应珍惜。

你写到快要派你们去集体农庄干活儿，这很好。这一点我非常高兴。好好地干吧，别对不起自己、对不起父亲和同学。别去拣干净的活儿和轻松的活儿去干，要选农田里、地里的活儿干。铁锨也是一种工具，用它也能显示出本领。

到了暑假，你可以到农庄里的拖拉机队干活儿。

“见到麦穗，便知种麦人”，这大概是你很熟知的我们乌克兰的一句谚语吧。每个人感到自豪的就在于他能为别人做点儿什么。每个诚实的人都希望在自己的麦穗上留下点滴的汗水。我在这个世上已经活了近五十年，我深信，一个在大地上劳动的人，对这种愿望会表现得更为强烈。等待你第一个大学暑假的到来。我给你介绍一位老人，他是附近农庄的，培育苹果树苗已三十多年，他干这行可算是真正的艺术家了。在他培育的每棵树的枝枝叶叶上都浸透着他的心血。如果今天所有人都能像他那样，就可以说，我们达到了共产主义劳动的地步……

祝你健康、美好、幸福。

吻你。

你的父亲

第2封信

自己去思考，独立去决定

亲爱的儿子：

你好！

你从集体农庄写来的信收到了。这封信令我激动不已，彻夜未眠，一直在想你写的那些话，也想你。

一方面，你对那些经营不善的现象深感不安，这很好。你在信中还谈到农庄里有个非常好的果园，然而人们却让十余吨苹果喂了猪；有三公顷的西红柿未来得及收，农庄主席竟下令拖拉机手去翻耕这块地，为的是不留下痕迹……

然而另一方面，却令我惊奇，你的信中只有疑惑，再没有别的什么了，面对这些令人气愤的事竟然不知所措。

结果如何呢？你写道：“当我早晨看见这块地被翻耕的时候，我的心差点儿从胸膛里蹦了出来……”而后呢？你的心怎么样了呢？心平静下来，看来，它不也像平常那样在跳吗？而你的同学们的心呢？不是谁的心也没有从胸膛里蹦出来吗？

这不好，很不好……你大概记得我讲过的那个塔列兰[1]的故事，这人是个恬不知耻、坏透了的政客，他教年轻人惧怕心灵中最初的内心活动，因为这一内心活动一般是最高尚的。而我们共产党人却用另一种方式去教育人：不要扑灭自身心灵中的内心活动，因为这些活动是最高尚的。心灵的第一次内心活动怎样提示就怎样去做吧！压抑自身良心的声音是非常危险的。假如你养成对任何事都毫不在意，那你马上就会对什么都无所谓了。不要去做昧良心的事，只有这样做才能锻造出性格。

你把果戈理长篇小说《死魂灵》里的这句话记在笔记本里吧！

“当你告别温柔的青春年代，面对严峻而残酷的人生旅途之时，你要把勇敢精神随身带上，你要把人的一切活动随身带上，不要把它丢在路旁，丢了就再也捡不回来了。”

对一个人来说，最可怕的一点，就是变成睁眼瞎。明明看见了，却装着没看见；明明看到了，对看到的东西也不去思考；对善与恶表示出冷漠的态度，让邪恶与谎言平静地从身旁滑过。切记这一点吧，儿子，它比死亡，比任何可怕的危险都可怕。

一个没有信仰的人，就是一个窝囊废，一个微不足道之人。既然你相信邪恶会在你眼前发生，那就让你的心为此大声疾呼吧！与邪恶做斗争，争取真理的胜利。你还记得我讲过的有关谢尔盖·拉佐的故事吧？他曾在自己的日记里写道：“信仰需要饱经苦难，需

---

① 塔列兰（1954～1838），法国外交家、路易十八时期的外交大臣。——译者注

要去检验其生命力，需要它去磨灭别样的信仰。一个人宁愿选择去死，也决不放弃自己的信仰。正如一些真正的人所说：‘选择去死，也比放弃信仰好得多。’”你问我：“为了阻止邪恶，我能具体做些什么呢？怎样同邪恶做斗争呢？我不知道，也不会开出一副药方。假如我在你工作的那个地方，看到了你和你的同学们所看到的那些事物，我会找到该怎么办的法子。”

你吃惊地写道：“对集体农庄的那些事，大家都习以为常了，也不去注意它了。”如果你和你的同学们也如此，那就更糟了。“任何时候，都不要怕去表达你所觉察到的一些看法，即使你们的想法与众相悖。”[①]罗丹的这些话，你不妨铭记在心。我若在你的位置，我会立刻与同学们一起去找党组织，就说：“这怎么办呢？如果你们自己不能去收西红柿，那由我们大学生去收，决不允许让人们的劳动白白浪费掉呀！”找党组织得不到任何结果，那就去找区委会，去惊动人民监督组——我不信人人对邪恶都冷漠无情，对缺点都熟视无睹，不可能这样。

现在，你正朝着精神发展的那个台阶攀登，此时已不该去环顾周围的人，看他们在做什么，他们怎么做。应当自己去思考，独立去决定。

你的父亲

---

① 法国艺术家罗丹的原话是：“真正的文学家应当是想什么就写什么，不要惧怕和古老的偏见相冲突。”——译者注

第3封信

什么是崇高的精神生活

亲爱的儿子：

你好！

我非常高兴，你能在信中十分坦率地把自己的想法、疑虑和不安一一写了出来。令我高兴的事还有一件，那就是你在艰难、紧张的劳动日子里，即使在12点才躺下，清晨5点就起床的时候，使你焦急不安的也正是这些思想。你写道，假如你在为真理而斗争，那人们就会带着惊讶的目光看着你……在这封信的字里行间，我读到有一种沮丧的情调，某种惘然若失的味道。你说：“我感到，在我们这里把思想性看作捞取某种道德资本的目标。我不止一次地听到，人们是在用讽刺的口吻去说‘思想性’这个词：‘你多有思想性啊……’这是怎么回事呢？以前我怀着景仰的心情认为思想性是有价值的东西，一想到它，我就怦然心动，难道今天这思想性的价值已经丧失了吗？究竟怎样去理解为理想而生活呢？”

很好，我的儿子，这些问题使你焦急不安，这很好。我为你，也为自己感到高兴。这就是说，你对周围人们的所言和他们的看法并非抱着无所谓的态度。

思想性、理想，这是些伟大的、神圣的词。凡是有人自觉或不自觉地企图将人的思想性的美，加以庸俗化，用市侩的自负和冷漠，用庸人的嘲笑去玷污这些纯洁而庄严的词，实际上就等于扬起手在抽打自己的脸。思想性，是真正的人性。你还记得歌德[①]的那句话吧，他说：“凡是没有了思想的人，最终剩下的只是有一丝感觉的躯壳。”我记得，在你少年时代对这句话大为吃惊。你当时问我：“换句话说，是否意味着这个人就变成动物了呢？”是的，我的儿子，任何人，如果心中没有了思想，那他的生存状态就开始接近于动物了。

要记住，我再一次对你说，你要记住，人为了思想，可以不顾战火，上断头台、冒枪林弹雨。当年，乔尔丹诺·布鲁诺[②]是可以挽救自己生命的，只要他说出“我放弃自己的观点”这句话，但是他没有去说这句话，因为有一种崇高思想在鼓舞着他的那颗心。他在无知人群的喊叫和嘲笑声中，走向宗教法庭的火堆。他为自己有崇高思想的信念而骄傲，并且毫不动摇。他面对着那烟雾笼罩的世纪远方，仿佛看见有一艘火箭升入星空，飞向那遥远的世界。只要

---

① 歌德（1749～1832），德国作家，著有《浮士德》《少年维特之烦恼》等。——译者注

② 乔尔丹诺·布鲁诺（1548～1600），意大利哲学家和诗人。因宣传日心说和宇宙观、宗教哲学而被那个时期的宗教裁判所在罗马处以火刑。——译者注

亚历山大·乌里扬诺夫[1]向皇帝写上一封效忠信，沙皇就会赦免他死刑；但他没有这样做，因为他不能这样去做。索菲娅·彼罗芙斯卡娅[2]，只要她说出没有参与预谋刺杀沙皇，她就会被释放；因为当时没有直接的证据证明她有罪，但是她不能这样做，因为对她来说，自由和消灭暴君的理想，要比自己的生命更珍贵。理想往往使一个人成为勇敢、坚强而又无所畏惧的人。

如果在我国，每一个青年小伙子、每一个姑娘都具有崇高的思想，如果思想能成为每个人良心的捍卫者，那我们的社会就将变为有理想的、有道德的和富有精神美的世界。到那时，正如高尔基所向往的，每个人在他人面前都将是星星对星星那样在闪烁光芒。但这一刻是不会自行到来的。我们应该为它去奋斗。有一件最艰难的工作摆在我们面前，无论是我、是你，也无论是孩子们，都需要去做的，就是使人都具有崇高的共产主义思想。

我的儿子，要知道，这个思想比世界上任何东西都美。我说过，有本小书，名为《交给暴风雨的心》，现在我把它寄给你，这是伊朗共产党领导人霍斯罗夫·鲁兹贝赫[3]在法庭上的一篇演讲。他的一生很有教育意义，尤其对那些力求了解共产主义思想之含义和美的青年人来说，他的一生，就是一本思想性课本。霍斯罗

① 亚历山大·乌里扬诺夫（1866～1887），俄国民意党“恐怖派”组织者，因参加1887年3月1日刺杀亚历山大三世活动而被处以绞刑。——译者注

② 索菲娅·彼罗芙斯卡娅（1853～1881），俄国革命民粹派分子，谋杀亚历山大二世事件的组织者，1881年4月3日被处以绞刑。——译者注

③ 霍斯罗夫·鲁兹贝赫（1915～1958），伊朗“热爱自由军官组织”的创始人，后被伊朗军事法庭判处死刑。——译者注

夫·鲁兹贝赫还是一位天才的数学家，他写出许多部科学著作，在他面前有着光辉的未来。但是反对暴君压迫的斗争和为祖国解放的事业鼓舞着他，他成为一名共产党员，多年来从事地下工作。由于叛徒的出卖，他被捕并受到了审判，死刑在威胁着他。但是，如果霍斯罗夫·鲁兹贝赫请求宽恕的话，法庭可以赦免他的死刑。可这位共产党员知道，在国内笼罩着残酷的白色恐怖情况下，同志们会把他恳求不死的行为看作背叛，并会给他打上耻辱的烙印。于是，他请求法庭判他死刑。

下面就是他最后留下的话语：

死亡在任何情况下都是不快的，尤其对人而言。人心总是对未来充满希望，期盼能有个光明与美好的未来。但对于真正的人来说，决不能不体面地活在真理与非真理之间。在生活之路上，任何时候都不该丧失自己的基本目标。如果生命以遭受耻辱、丧失人格、背叛自己的理想和日夜期盼的梦想以及牺牲自己的政治观点、社会观点为代价的话，我宁肯死上一百次，也要死得正直，死得光荣。我为自己选择了这条路，就要在这条路上一直走到底……我不认为自己是该受到惩罚和该被判为死刑的罪人，但是，当我的荣誉受到威胁时，我正式地要求尊敬的法官们给我作出死刑的判决吧！我之所以作出此要求，为的是能与我那些牺牲了的朋友们同享光荣，为的是消除那些污辱我所得荣誉的指控。无论是我，还是因为政治活动而被定罪的我的同志们，我们都不是罪人。相反，我们都是亲爱的祖国的仆人，正义的、忠诚的伊朗人民会把这些判决看作独裁的判

决，并宣告那些忘我精神的儿女们无罪。你们可以给霍斯罗夫·鲁兹贝赫定罪，但你们审判不了人性、正直、爱国主义、人道主义和自我献身精神。

记住这些话吧，我的儿子，让它成为照耀你生活的火炬吧！有些人对“思想”“思想性”等词语加以讽刺，把“思想性很强”说成是追逐个人名利思想，这些人的内心活动我是了解的。这些人的精神生活贫乏，空虚到了令人可怜的地步。他们不知道什么是充满崇高精神的生活，也意味着，他们不知道什么是真正的幸福。他们以为那些具有崇高思想的人就是思想的奴隶。依他们之见（此见解并非今天才有的，很早以来就从一个历史时期传到另一个时期），一个人一旦拥有了这种思想，就不再会作为有个性的人而存在，会变成行尸走肉。这是何等可悲、何等轻率啊！一个人由于有了思想，才拥有自己的个性，才会在创造中表现自己，才能成为真正的战士。不是把人融化在思想里，而是在人的思想里充满崇高的精神，使人具有一股强大的力量。

在我们州里，有一位优秀教师，是我的朋友依万·古里耶维奇·特卡琴柯，他是波格丹诺夫中学校长（也许你记得他，他曾来过我们家几次）。在伟大卫国战争时期，他曾参加了游击队，在离兹纳缅卡不远的黑树林里同法西斯分子战斗过。不久前，他向我讲述了一个激动人心的故事。联想到你对思想和理想有疑惑，我认为你应该知道这个故事。

这件事就发生在艰苦的战争岁月——1941年晚秋之时。法西斯分子大肆宣传，疯狂叫嚣，说红军完蛋了，莫斯科很快就陷落了。然而实际上，法西斯分子早就被游击队的活动吓破了胆，我们州的游击队一刻也未让敌人得到安宁。就在离黑树林不远的一个小村子里，人民“复仇者”们烧毁了敌司令部的汽车、电台，还杀死了十个法西斯分子。法西斯分子穷凶极恶，决定采取惩罚手段，对该村村民进行报复。他们通过一个极为狡猾的办法，正是他们的宣传员所说的“心理战”的办法。他们在村中心处竖起一个大绞刑架，绞刑架上钉着一块用德语和乌克兰语写的告示牌：“如果村里出现一个游击队员，如果游击队亲手让德军士兵流一滴血，如果有人说上一句为游击队辩解的话，那么在这个绞刑架上就要挂上十个最先死去的村民。”德国人把全村村民赶到绞刑架前，为的是当众“解释”这道命令。随后，走过来一个法西斯少校，对村民们说：“你们的红军完蛋了，苏联也完蛋了，现在苏维埃所有的土地都归德意志国防军管辖。”就在当时，村民们一个个垂头丧气。

可就在那一刹那，有一个二十来岁的小伙子从人群中走了出来。他大声喊道：“你们不要相信法西斯分子的话，红军在，苏维埃政权还在；莫斯科在屹立着，永远在屹立。我是游击队侦察员。”法西斯分子们面对英雄的果敢，一个个惊得目瞪口呆，一时间竟不知所措。那个小伙子刚说完那句愤怒的话，便从袖口里掏出一把手枪，对准少校开了一枪。那个少校应声倒地死了的时候，法西斯分子们才清醒过来，他们把小伙子抓住了，头上罩上绒衣，捆了起来。法西斯分子作出枪毙的判决。临刑前，小伙子和另一名游击队员关在同一间监牢里，那位游击队员后来逃了出来，从他的嘴里得知了那位英雄的一些情况。“我不是游击队员，”小伙子说，“我是被德国人俘虏的苏军战士。我是受了炸伤被俘的，后来顺利地跑了出来。偶然跑到一个村子里，那里的法西斯分子正召集村民们开大会。我看到当那个少校说我们军队完了，莫斯科陷落的时候，村民们垂头丧气的情景，我的心再也按捺不住了。我知道，这样做必死无疑，但我不能有别的选择。我的话在人们心中燃起了相信祖国必胜之火。当然喽，他们会把我悬挂在村里那个绞刑架上，他们还会把村民们召集过来看。死对我来说，将是一次最艰难的考验，毕竟死亡是可怕的。一想到几分钟后人就不存在了，是有点儿可怕。我想在众人面前经受住这种考验，正是必胜的信念在支撑着我。我为此而活着。”

他荣耀地经受住了考验。当刽子手把绞索套在他的脖子上的时候，他高呼：“同胞们，不要在刽子手面前低头！绞杀是绞不住自由的，我为祖国而死。”

“我们所爱的东西，即使到死，我们也要去爱。”高尔基这样写道。凡是珍惜思想的人，那他就会去珍惜自己的尊严。共产主义思想，用马克思的话来说：“不撕裂自己的心就无法挣脱枷锁。”我相信，你一定会成为一个真正的人，相信我们思想中的伟大真理和你的心会融为一体。你要记住，生活中不会处处都一帆风顺、漂亮完美，你会遇到一些丑陋而肮脏的东西。你要善于用共产主义真理去对抗那些丑陋而肮脏的东西。不要使真理成为牺牲者，而要使真理成为胜利者。你大概不会忘记，我们在三年前曾谈到尤利乌斯·伏契克[①]的那句名言："真理必胜，但对它需要坚决地去给予帮助。"不过，我们的社会里，也确有一些"维护真理的斗士们""真理的探索者们"，他们不反对去"揭露"邪恶，但却将同邪恶斗争交给警察去做。这些蛊惑者、空谈家最为有害。问题在于，不只是看到邪恶要大声呵斥，更在于去制服它。有时应该不是用嘴去说，而是用无言的行动。伊利亚·伊里夫和叶甫根尼·彼得洛夫[②]有句话说得非常妙："不应该是为了清洁去奋斗，而应该去打扫。"在我们这里，还有许多地方需要去打扫。我相信，在你的人生道路上，会遇到许多垃圾，这将不会使你苦闷，也不会使你灰心丧气，更不会动摇你善良的信心。善良必胜，然而善良必胜之源泉，就在人中间，也在我们自己身上。

祝你身体好，精神愉快、欢乐。

拥抱你、吻你。

你的父亲

① 尤利乌斯·伏契克（1903～1943），捷克斯洛伐克民族英雄。——译者注

② 两人合称叫"伊里夫–彼得洛夫"，苏联讽刺小说家。伊利亚·伊里夫（1897～1937），叶甫根尼·彼得洛夫（1903～1942），合著的作品有《十二把椅子》《金牛犊》等。——译者注

第4封信

理想就存在于生活之中

亲爱的儿子：

你好！

当理想、生活的目的、真理、美，这一切使你激动不已的时候，我真高兴。很久了，我不记得你对这些问题有过如此“突然爆发”的兴趣。我之所以高兴，还在于我的信激发出你接连不断的思考。造成你的思想如此明显提升的原因，大概就是你现在面对的都是些全新的人，你每一天都要去认识世界上那些最神奇的、最令人惊奇的人。要知道，认识他人之时，也就是在重新认识你自己……

我记得，在你离家去参加入学考试前不久，我们之间曾有过一场未完的争论，（你记得吧，我们就坐在果园里的梨树下，正当我们辩论得最紧张那一刻，你妈妈说：“是时候了，再有一个小时火车就要开了！……”）你当时还在固执地坚持自己的意见，认为社会只有鲜明地分成两个相对极端：一方面是善、另一方面是恶的时候，才会有理想之人诞生的土壤。而现在并非如此，为理想而斗争已与日常劳动融为一体。你举例说：有一位挤奶女工，只是比平常规定的定额多挤了一千升牛奶，大家就已像谈论英雄那样去谈论她。难道英雄就这么轻而易举达到了吗？对于平常劳动的嘉奖是否过头了？要知道，劳动是一种义务，是一种生存的条件，能用“功勋”这样伟大的字眼去评价吗？

你在信里抒发了你的这些思绪。这是些复杂而又细腻的问题，尤其是关于理想之人的问题。首先应该清楚，理想之人并非完美无缺，人永远是血肉之躯，而非钢铁铸就。我想，你不会否认保尔·柯察金是一位当之无愧的理想之人吧，但你要知道他是怎样谈自己的。他说：“我也做过不少的错事，有时由于糊涂，有时由于年轻，而更多的时候是由于无知。”英雄本人都看到了自己身上的缺点，但这些缺点无损于卓越人物的主要方面，最重要的一点是在于革命的红旗上染有他的鲜血。

这就是理想之人的所在。理想是检验人的试金石，它能成为为真理而战、为革命胜利而斗争的人的一种炽热情感。我永远记得海明威的一句话：“人不是为了遭受失败而被创造出来的；可以把人消灭，但决不能征服他。”然而就在海明威说这些话之前，人们就从保尔·柯察金那里听到过类似话语了。不仅仅是听过，而且还看到了他的功绩并对他所说的话表示惊叹不已。

可以想象一下，让那些早已离世的人们，回过头来再看一看我们今日的生活，看一看我们的日常劳动。这一切对他们而言，那公正的社会制度就是遥远的未来，美好的、令人向往的幻想……就以亚历山大·乌里扬诺夫、斯捷潘·哈尔图林、索菲娅·彼罗芙斯卡娅这些人来说吧，可以想象一下，他们若是看到了我们今日的社会，会有何感想呢？他们的心必将受到惊讶而颤动。当今时代，我们的全部生活，在他们看来就是最为理想的。这些英雄之中所有人都会说："这才是生活，这才是我为之奋斗到死所追求的生活。"

不幸的是，我们并未对这一点有如此之感受。有时，竟然忘记我们是生活在什么样的时代。我们的时代，我们当中也有英雄人物，他们就在千千万万个普通劳动者之中，他们甚至没有想到自己会成为英雄。假如有人说他们是英雄，那他们会吃惊的。由于一些概念本身有所变化，我觉得，在"普通人""一般劳动者"等词语中，含有对人轻视的意味。其实，人是不简单的！我们现在的人都是在田地里、在牧场、在机床旁工作的劳动者。他们啊，远远不是简单的人啊！

革命的红旗在飘扬……我国人民在世人面前骄傲地高举着它。革命在继续，现在，革命已接近于世界变革的顶峰，我们时代的目的就在于此。我亲爱的儿子，你应该懂得并感受到这一点。过去优秀的人们所追求的理想，他们历经苦难想要得到的东西，现在我们都要亲自去实现。我们建设共产主义，就是要使每一个人都以共产主义理想的人的眼光看待我们今天的生活，才能懂得并感受到这一点。善良与真理的理想，就是幸福的迷人的夙愿。这种夙愿会实现的，但相当遥远……就以对谈到的那位挤奶工来说吧，她的确是个有理想的人，是个英雄。她虽然没有显赫的丰功伟绩，但她的一生就是功绩，她那满腔热血都洒在了革命的红旗上。

为什么说她是英雄，为什么说她的一生就是功绩呢？那是因为她用劳动使自己成为一个高尚的人。你想想吧，儿子，共产主义建设的目的何在？我们为什么要去劳动、制订计划并去完成呢？这一切都是为了人的幸福。共产主义并不是高悬在众人头顶上让人崇拜而又不可思议的东西。共产主义就在人们之中，在人的幸福之中。建设共产主义，意味着是在为每个人、每个家庭创造幸福。然而，社会没有物质和精神上的福利、财富和价值，幸福是不可能实现的，简直就是不可想象的。创造物质财富的挤奶工，她所关心的绝不限于物质福利。凡是有物质福利的地方，就有丰富的精神生活：如有的人在写诗歌、创作音乐，有的人在建设世界上屹立高耸的电视塔，有的人用望远镜对准遥远的星空在进行观测等。假如没有像挤奶工那样普通的、平凡的劳动，也就不会有作曲家巴赫慕托娃的美妙歌曲，不会有作曲家肖斯塔科维奇的宏伟交响曲，不会有科学院院士C.A.巴尔楚米扬关于超恒星诞生的大胆设想，更不会有你正在学习的那所大学，不会有成千上万的首都居民在那宁静的夜晚俯身去读有趣的书的情景，他们也不会走进音乐厅和剧院。

她，这位挤奶工自己也明白，她就是生活的一个创造者、一个普通的人，平凡之人的理想本质就在于此，劳动创造之根本也在于此。如果没有成千上万个挤奶工、庄稼人、矿工、冶金工人，我们的革命红旗就不会在世界上空飘扬。有理想的人，既不是圣人，也不是光彩照人、十全十美之人。

理想的东西，就存在于我们生活之中。你要仔细观察你的周围、观察你周围的人群，力求看到的不只是那些表面的现象，而是要深入到人的内心深处，这样你就会看到理想的东西。伊凡·屠格涅夫[1]写道："没有理想而活着的人是可怜的人。"确实如此，如果一个人的面前没有理想作为指路明灯，那他的生活就将会浑浑噩噩的。

祝福你，我的儿子，祝你身体健康、精神愉快。

吻你。

你的父亲

---

① 伊凡·屠格涅夫（1818～1883），俄国作家，著有《猎人笔记》《阿霞》等。——译者注

第5封信

人的智慧在手指尖上

亲爱的儿子：

你好！

你的来信我收到了，得知你已开始上课。你在信中兴奋地谈到你们有一个无线电物理和电子学设备极好的研究室，你有了自己学习的志向，我很高兴。如果你坚信，并在生活中也证实无线电物理学是你喜欢的专业，这就意味着你将成为一个最幸福的人。可是志向，绝非是外来某种势力强加给人的。假如在中学时期，大概从二年级开始，你不迷恋收音机知识、不去参与这方面的活动，这种志向未必会显现出来。志向是天才的“幼苗”，只有经过劳动这块沃土的培育，才会长成粗壮的大树。不热爱劳动、不自我教育，志向这根“幼苗”就会从根上枯萎。

找到自己的志向，并坚定自己的志向，这才是幸福的源泉。马克·吐温[1]写过一篇很有趣的小说，书中写道：

在那个世界里，没有天使，也没有圣徒，更没有神仙般的无忧无虑之人，居住在天堂里的人和生活在罪恶人间里的人一样，都过着劳动生活。天堂和人间只有一点不同，那就是在天堂里的每个人都能按照自己的志向去工作。

故事中谈道：一个在地球上默默无闻的鞋匠，死后升天，却成了赫赫有名的统帅；一个平庸无才但擅长书法的将军，死后升天，却在司令部里做了一名朴实的文书官；一个写了很多小说没人看而又令读者厌烦的作家，死后升天，找到了自己的志向，当了一名金属车工；一个偶然当了教师，却从未给自己和学生带去欢乐的人，死后升天，竟做了一名出色的会计师。

我不止一次地反复读这篇优秀小说。如果咱们这个世界能达到那个世界里的境界该有多好啊！但是，很可惜，在我们这个世界上所发生的一些事完全是另一个样子。

生活中最崇高的快乐何在呢？依我看，这种快乐就在近于艺术的劳动创造之中，也在近于艺术的高超技艺之中。如果一个人酷爱自己的劳动，他就会力求使自己投入到劳动过程中去，而他劳动的成果必然是完美的。我曾在信中对你谈过我们的园艺家、林学家叶菲姆·菲利波维奇。像他那样的人，我一生中只见过二十来个。他真是个了不起的人，精通自己的本行，我毫不夸张地说，他可以和

---

① 马克·吐温（1835～1910），美国作家。——译者注

斯坦尼斯拉夫斯基①、普拉斯托夫、肖斯塔科维奇、阿列克塞·乌列索夫②相提并论。我现在对你谈谈菲利波维奇这个人。他也像斯坦尼斯拉夫斯基在创造形象上、像普拉斯托夫在画布上创造生活一样，他也在塑造、在创作，他在创造树木。我无数次看到他从各个角度去观察一棵棵小树，左看右看。据他说，是在寻找可以进行嫁接的嫁接点。从寻找嫁接点、树生出幼芽那时起，他就开始了魔术般的巨大劳动。由于他付出巨大的劳动，使他成为本行一位崇高的"创作者、艺术家和诗人"。叶菲姆·菲利波维奇创造出异常优美的树冠。若想学到他的技艺，弄懂其中的奥秘，非得同他在一起待上一年不可。这就是一个人对认识达到美和艺术境界之所在。生活中的伟大幸福就在这种劳动之中。斯坦尼斯拉夫斯基对这一点是这样说的："人世间的幸福在哪里呢？就在认识之中，在艺术和创造之中，在对它的理解的过程中。在你认识艺术的同时，你也会认识到自然界、世界生活、生命意义，也会认识到自己的内心世界——才华，再没有比这更幸福的了。"

要去认识人自身的一种艺术（美），记住这一点吧，儿子。当你在从事某种劳动和创作时，认识到这是自身的一种美，这才是真正的劳动。我在数千棵有三年树龄的树丛中，能轻易看出哪棵树是叶菲姆·菲利波维奇亲手栽培出来的。他培育的树，树梢各个朝阳，树枝精修细剪，树叶互不遮挡，仿佛阳光在每一片叶片上

① 斯坦尼斯拉夫斯基（1863～1938），俄国著名戏剧教育家。——译者注

② 阿列克塞·乌列索夫，1916年生，生产革新者、电焊工、两次"社会主义劳动英雄"称号获得者。——译者注

嬉戏。

“您是怎样做到这一点的？”有一次，我问菲利波维奇。

“人的智慧就在人的手指尖上。”他答道，“我从三岁起就干活儿。我建议您也这样培育学生。还有一点不能忘记，就是每一个人都应努力成为自己本行的主人。就以我来说吧，如果当初我学当工程师、医生或教师，恐怕是一事无成，只能去挣一些糊口之粮……应当使每一个人都燃起他的才华之火，只有如此，才能培养出真正的人。”

志向，是由创造人的人，包括培育他的那些人创造的。然而人的天赋，则是创造自己志向的主人。你喜爱巴赫的音乐，那么自然知道巴赫家族有五十八位音乐家了。他的曾祖父是音乐家，祖父是音乐家，父亲是音乐家，甚至在这个家族之内存在婚姻关系。似乎这个家族的人一生下来，就锁定了这个职业似的，有的当作曲家，有的当卓越的演唱家，是这样吧？是的。然而天赋可以使百分之八十的人成为作曲家，但实际上，梦想成真者为极少数。为什么呢？为什么巴赫家族就能出现五十八位著名音乐家呢？那是因为，他们自己在创造自己的志向，因为出生在这个家族里的孩子们获得的第一印象就是音乐：在孩子周围首先感受到的第一种美就是音乐的旋律美；在他们面前引起惊叹不已的东西是音乐；在他们面前令自己感到第一骄傲的，就是为欣赏音乐的美而感到骄傲，为创作音乐之骄傲。

人是自己志向的主人。看你，想到成为一个无线电物理学家那个幸福劲儿；看你，对无线电物理学那个喜爱程度。对你这些狂热的情绪，我抱着一种冷静的态度。一个人可以对他所喜爱的东西倾注心血。你对无线电物理学有着浓厚的兴趣，非常之好。但要记住，这仅仅是兴趣而已，要把兴趣变为志向，则需要加倍地去劳动。所谓加倍，就是要以付出数十倍、数百倍的艰辛去劳动。在这里，我想对你提出一点建议：现在科学飞速发展，如果你想成为自己本行的优秀专家，那你就要注意无线电物理学领域里的新东西。老师在课堂上讲的只是物理学知识的一部分，犹如你所需要的空气只是一小部分一样。要给自己定下几条规则，每一天，包括节假日，都要去阅读、钻研无线电物理学和相近科学，如电子学、天体物理学、宇宙生物学等方面的科学刊物，每天至少读上几页。我重复一遍，必须每天做到这一点。

我不是偶然用“钻研”这个词的。作为一个大学生应该有钻研精神。钻研（乌克兰语，恰当的词是студіювати[①]）就是要深入地去思考，把那些事实和结论装进自己的脑子里，经过思考之后，记录到笔记本上。这意味着，不要去重抄科学论文和教科书里的东西，而要去记下深深印在你脑子里的那些东西。你对自己志向的课题思考得愈深刻，它就会愈加成为你的志向。

我还有一个建议：任何一种专业，都含有理论思考和实际操作两个部分。而在无线电物理学领域，实际操作可能更为有趣。你要利用一切机会，到实验室和工厂去实践，亲手装个收音机和无线电控制的模型。这些事你在中学时做过，现在应该继续做，而且要做

---

① 此句是乌克兰语，意为仔细研究、钻研之意。——译者注

得更为复杂一些。任何时候都不要满足于一般的成果，要力求精益求精，这是培育志向的必经之路。如果第一次失败了，没关系，可以重新再来。要做到即使是最简单的粗活儿，也不要嫌弃，要力求使你的双手成为你最重要的仪器和武器。我曾写过一篇关于手、关于动手劳动的有趣文章，随信一起给你寄去，希望这篇文章也能唤起你和我一样的那种惊讶之感。据科学证明，人的手受人的思想支配，可以做出几亿种与创造性劳动相关的“动作姿势”。劳动美、创造美、志向美的秘密何在呢？秘密就在这一双手上。如果你想做一个真正的工程师，那就使你的双手成为创造者之手、诗人之手吧！

请你去书店看看有没有关于劳动心理学和创造心理学方面的新书。有的话，买几本寄过来。

祝你身体健壮、精神愉快。

拥抱你，吻你！

你的父亲

第6封信

关于天赋和教育

亲爱的儿子：

你好！

我很高兴，你在最近一封信中能同我进行争论。好，真是好极了。看来，志向问题的确是令人激动的一个问题。你责怪我高估了教育与自我教育的作用，而低估了人所具有的天赋。的确，贝多芬在五岁时就写出了属于自己的音乐作品，但这首先是由于贝多芬童年时代所处的环境非常优越。如果他所处的环境是一个没有任何乐器的地方，是一个人人都不知何谓音乐旋律的地方，他在任何时候也不会成为音乐家。我坚信，现在尚有成千上万的人的天赋被荒废。如果那些人，他们的童年时代所处的环境是产生天才的优越环境，他们就有可能成为卓越的学者、诗人、作曲家。共产主义理想的崇高人道主义，是使任何一种天赋都会得到充分发展，所有的天赋都将被激发出来，人们将充分发挥自己的天赋。每个人都能成为有才能的劳动者、有才能的创造者、有才能的钳工、有才能的电焊工、有才能的农艺师、有才能的畜牧师，这就是理想教育之所在，我坚信这一理想。

我知道有许多人，他们之所以成为有才能的劳动者，恰恰是由于教育在他们身上揭示了天赋所具有的才能。在共产主义实现之时，人的天赋与社会教育将达到惊人的和谐。只有当教育建筑在天赋的基础之上，教育才会成为合理的。我之所以喜爱自己的教师职业，恰恰是由于教师工作的主要点——认识人这一点上。我在培养人时，首先去认识人，去观察人内心深处的东西。如果你善于轻轻触及、仔细琢磨那些东西的话，就会得知隐藏在内心深处尚未表现出来的那些东西。要弄懂内心世界里取之不尽的东西，这才是教育的技巧。你看，我面前就有一个学生，学习数学非常吃力，学习语法也相当困难，在数学思维、艺术思维方面都没有突出的表现。但是，他就没有一点可取之处了吗？当然不是，他和其他人一样，内心世界里也有取之不尽的东西，只不过是有些天赋没有被发现、没有被看到而已。如果教育者去发现、去琢磨内心深处里的东西，那里面自然藏有他的幸福和他的未来。他可能成为有才能的机械师、有才能的庄稼人、有才能的钳工，只要你去发现他内心深处里的东西，就能做得到。我坚信，在我们的社会里，不会再出现没有才能和学识、对生活丧失信心的人，这一时刻为时不远了。每一个人都将展现出自己闪光的一面。这目前还是一种美好的向往，但是将来会实现的，我坚信教育的强大力量。

我知道有一些人，他们热爱本身所从事的看似普通、不大引人注目的劳动，他们之中有的人成了本行的“诗人”“艺术家”，达到了创造的高峰。所有这一切皆由天赋和教育使他们的生活闪耀出幸福和谐之光彩。我认识我国的一位杰出的人，两次“社会主义劳动英雄”称号[①]获得者——阿列克谢·乌列索夫，他是位建筑工人、电焊工。

他对我说：“在我很小的时候，建筑工地就吸引着我，我想当一名电焊工。当我看到工人师傅焊接时，火花四溅令我着迷。我跟在师傅后面请求他教教我，我终于学会了电焊。我在北方参加过城市和水电站建设。生活中哪怕有一次能让你感到自己是大地上的创造者，那就是一种幸福。你看到一栋栋楼房盖好了，一批批居民乔迁进去，你参加建设的水电站第一机组开始发电了……这一切对我来说，就是我生活中最大的幸福。”

我还认识另一位同志，是著名畜牧学家斯·伊·施泰曼，看看他是怎么谈自己的工作的：“我从来没有飞行过，没爬过山、没下过海，我生活的大部分时间是在家畜栏和牛犊栏里度过的。可是每当我回忆起过去的岁月和工作时，我就觉得自己好像是一个旅行者，不止一次地走在无人过往的路上，也不知路上会有哪些坎坷在等待着我。所以，我也就不止一次地感到我就是攀登高峰的登山运动员……”

你好好思考这些话吧。这是从前一位长工说的话，他曾是一个牧人，由于生活拮据，没有上过一天学。可是他通过顽强的劳动，

---

① “社会主义劳动英雄”是苏联时期的一种荣誉称号，是对表现出劳动的英雄主义，在提高和促进国民经济、文化、科学等方面建立特殊功勋者的最高表彰。——译者注

却成为一名卓越的学者、科学博士，成为培育出新品种——“宇宙品种牛”的人。他从未离开过卡拉瓦耶沃国营农场，他在那儿干了一辈子。

这一事例又一次地向我们证明，人是自己志向的创造者。只有通过劳动才能通向智慧、创造、科学之路。

确立志向，则意味着要做出点儿什么，要有所建树，而不是去背诵现成的那些定理，不要总在自己的感情中左思右想企图找到问题的答案：这件工作我喜欢，或者不喜欢。一个人喜欢的应是他为之倾注心血的工作，这才是最主要的。我再一次地建议你：任何时候都不要去嫌弃最平常、最粗、最脏的活儿，因为创造就是从那些活儿开始的。

再见，亲爱的儿子！祝你身体健康、精神愉快。

你的父亲

第7封信

去听大自然的音乐

亲爱的儿子：

你好！

收到你寄来的一封短信，我也同样回你一封短信。你来信要四十五卢布[①]想买一台晶体管收音机。你说，几乎所有的大学生都有收音机了。

花钱买必需的东西，我从不吝惜。但要买收音机，我是坚决禁止的。至于说为什么呢？原因很简单，那就是收音机已成了全民的灾难。你还记得吗？我们在一个小公园里，公园很美，绿茵如海，但就是见不到小鸟。正是收音机把小鸟吓跑了。无论是白天还是晚上，树丛下常常传出吵人的、声嘶力竭的响声，更有甚者，为了炫耀竟然把收音机的声音放大，力压别人。结果呢？公园里的宁静没

① 一卢布合现在约四元人民币。——编者注

有了，大自然的音乐也没有了。（你是知道的，大自然的音乐，意味着那一片片树叶在悄悄私语，在明媚的阳光下，一棵棵树木用同一种旋律在歌唱；在和风的天气里，它们又用另一种旋律歌唱；在雷雨到来之前的宁静时刻也在歌唱……）用不了多久，村里的小树林将被那些收音机所霸占。有一次，是一个星期日，我走进小树林想听听大自然的音乐。我刚刚躺到草地上，就听见爵士乐的吼声……[1]

你的手风琴拉得很好，难道你现在不想在空闲时间拉拉手风琴吗？或者去学学拉小提琴，要知道你的乐感很好。买把小提琴学学，把买收音机的事忘了吧。对于城市的中老年居民来说，这些小匣子就成了该诅咒的东西：决不能打开窗户，一打开就会立刻袭入哀怨的、嘶哑的声音。为了尊重别人，也该放弃收音机。你要知道，在星期日，会有成千上万人涌入树林中、公园里去玩儿，假如人人都带一台收音机该是个什么样子呢？休息的地方就将变成地狱。不该把自己扯进此种现象中去。

现在，有某些年轻人追求精神价值，特别是他们对音乐的需求态度令我十分不宁。想听音乐了，就像摄影那样一揌按钮，音乐就来了；不用去学习，不用去思考。这样一来，就使人轻易地走进十分愚钝的境界。

待到夏天，你回来时，我们就去听大自然的音乐。听听晴朗夏日的音乐、晚霞的音乐、7月星夜的音乐和那忧伤落叶的音乐。难道

---

① 此句原文如此。——译者注

你忘记，我们曾跟全班同学一起走进田野去听百灵鸟的歌声了吗？

我寄去四十五卢布，买把小提琴和自修课本，不要舍不得。如果你不愿学拉小提琴，就用这些钱买些艺术方面的书吧。不要错过即将出版的《乌克兰艺术史》，很快就要发行了。

祝你健康、精神愉快。

拥抱你、吻你。

你的父亲

第8封信

学习是一件极其艰苦的事

亲爱的儿子：

你好！

收到你最近的一封来信，令我很是不安。你把在大学里的学习看得太乐观了。你在大学里的学习可以说尚未开始，你就做出结论说，大学学习要比中学轻松多了。是啊，在大学里，不像大人管孩子那样，有人天天过问你，这就有可能需要你独自集中精力去学习……不要急于去做结论，先要交出你入学后的第一份考查与考试答卷。你要明白一个简单的道理：如果你想成为一个真正的有创造性、会思考的专家，那你在大学里的学习就是一件极其艰苦的事。这里绝没有一点儿轻松可言。在中学时代学到的，只是入门的科学知识；进了大学，你才会一页一页翻开这本科学巨著，你才能真正了解到科学的意义。我再一次地提醒你，一个大学生应具有钻研的精神，不是听听课就罢了，而是要去掌握科学。

首先，你应该明白，听课并非如你当初想象的那么容易。要知道，在你面前讲台旁站着的是一位讲述某一学科课程的学者。你应该去学的，不仅仅是他的那些科学论点，还应去领会他的观点、他的见解，以及去察觉他本人对他所讲的学科的态度。只有通过一系列讲课，你才会了解学者的主要思想和他的那些卓越见解。

其次，善于听学者讲课，也是一种最大的本事。按理说，应使人在中学时代就养成听课的习惯，但是由于我们受到授课时间严格制度的限制，在课堂上只能讲一些日常见证的知识。而在大学里就不同了。在大学里，大学生不但可以去听课，还有思考、讨论、研究的时间，所以必须学会听课的本事。听课时，要记笔记，同时还要学会思索。我建议你在笔记本的末尾处（供写提要用）留下几页专门去记录你所遇到的问题、自己思考的问题，可以写出课文的提要和自己突发生出的思考（可以用几行或半页纸去写）。

最后，在大学里听讲课，不思考、不议论，必将形成一个机械化过程，而大学生本人则成了熟记会背的“活装置”。这是一种危险啊，要像怕火那样怕它。这种不动脑筋的死记硬背，会使人变得迟钝。然而危险远不止这一点。如果大学生只知做笔记，然后背诵和复述，在他的脑子里再也没有其他智力劳动的活动了，对他而言，大学里的学习生活，就成了异常艰难的智力劳动，他的记忆也就成为“糟糕的”了。至于做功课、回答问题，只能是依葫芦画瓢了。

哪里有死记硬背，哪里就有小抄儿行为，这是创造性思维的毁灭，是最为可怕的事。小抄儿行为，就是学生本身对某些事实和现象不求甚解的低下表现，自然变为懒惰、见识不广的人。在大学里的小抄儿行为，是思想懒惰的产儿。这一点，恰恰会导致一个人不会思索和思考；他就没有任何可以理解的东西了，只有死记硬背、死记硬背、死记硬背……

在当今，人们日常不接触科学就很难开展工作。无论你在何处劳动，在工厂或实验室，在科研所或在中学，任何时候都不要忘记，科学已进入我们的日常生活，进入日常的社会生活中。如果你自己有一个目标，是要成为一位学者的话，那你就要在自己的肩上承担比其他任何劳动重上一百倍的劳动。每一天，真的是每一天，挤出几个小时去读书，从青年时代起直到最后停止呼吸为止，你面临的交谈者、你的老师，就是书。从大学坐在书桌旁起，就应有成为学者的准备，这个时候应视为是从事科学研究最初经验之时刻。书，书，还是书，永远是进入你精神生活里最宝贵的东西。为此，你必须学会拒绝一些东西，也必须强迫自己去接受一些东西。我每天工作十四个小时，有时是十六个小时，这你是非常清楚的。如果你想成为一名学者，就朝这个方向努力吧！而你为此所要做的准备，不是在某一时刻，而是就在今天。科学要求的不仅仅是智慧，更多的是勇敢、热爱劳动和顽强的精神。愿你做一个勇敢、热爱劳动、有顽强精神的人。

祝你身体健壮，精神愉快。

你的父亲

第9封信

如何使科学真理触动心灵

亲爱的儿子：

你好！

我无意中成了见证人。你的一位同学，在读《辩证唯物主义纲要》时，问另一位同学："世界可知性，是何概念？"而那位同学干巴巴地勉强做了回答。令我吃惊地感觉到，他们对哲学不感兴趣。就在当时，我不由得回想起三十年前的一个晚上，我们四个同学，都是语言文学系一年级的大学生，在一起激烈争论的一个话题，正是世界可知性的这个问题。

对一些感兴趣的问题，采取冷漠、消极的态度是从何而来的呢？为什么那些科学真理不能触动人的心灵，不能激动人心呢？这些问题使我不宁。我想对你谈一个非常有教益的真实事件。这是一个关于一位年轻妇女命运的故事。十年前，她从我国一所大学毕业。这个故事之所以有教益，就在于它能证明：如果知识不能触动人的心灵，不能激动人心的话，人的精神空虚就会达到一定的程度；而科学对他而言，就不会成为神圣的、珍贵的、可爱的东西了。

我同这位年轻女子进行过一次长谈，她三十来岁，人长得漂亮、聪慧而又富有朝气。她一一道来自己的艰难历程。乍一听，似乎觉得有点儿离奇，这件事怎能发生在当今、发生在我国，有点儿不可思议。

她讲道："我是一个诚实、爱劳动的人，从一个严厉的家庭里长大的。母亲和父亲都是虔诚的教徒。而我在青春期时，我的精神世界，很像卡捷琳娜的精神世界，就是奥斯特洛夫斯基[①]《大雷雨》中的女主人公卡捷琳娜的精神世界。我们都有一种热情，但这种热情闭塞了、孤僻了……也同样有一种敏锐、易受感动之情。在学校时，我们读过《大雷雨》……是的，都读过。"她谈到这里，深深地吸了一口气，接着又说："正如常言所说，只是坐下一会儿工夫，就读完了剧本。我是屏住呼吸在读的。对我来说，真是一种启迪，我仿佛遇到了活生生的人。我多想和她谈谈自己的焦虑和忧伤啊，卡捷琳娜把我的思想和情感激起了一股股激流。要知道，当时我也像她那样虔诚地信奉上帝。相信上帝无所不知、无所不晓。然而卡捷琳娜的悲惨结局，却在我心里播下了怀疑的火种：为什么人为了证明自己的正义就应该死亡呢？为什么有些危险人物口头上是以上帝的名义却是去创造罪恶呢？

① 奥斯特洛夫斯基（1823～1886），俄国戏剧家，著有《大雷雨》等。——译者注

“是的，我信仰过上帝。我的母亲和父亲既是虔诚的教徒，又是老实正派之人。而从一些名人学家——演说家、教育家、作家的眼光来看，这种结合就是不可思议的。他们认为，既然人信教，在他们身上多少有些卑鄙、伪善、狂信徒的迹象。他们并没有直白说到这一点，但你从字里行间会感觉得到。而我从老师的话语里也感到这一点，他同样对卡捷琳娜有一种宽恕的态度。就是说，她误入了歧途，可是在那个时代又能要求她怎样去活着呢？……这种宽恕扰乱了我的平静。让我感到既是对我的宽恕，也是对我母亲和父亲的宽恕。老师讲的故事字里行间，让所有人都感到，谁相信上帝，谁就有点儿傻。诚实的人，从字义上讲有可能被误解为老实，就是傻子。而我并不感觉自己傻，也不想成为傻子，事情就是这样……

“您是了解我的命运的。可在许多人看来，我好奇怪，近乎古怪。是啊，我读完中学，进了大学自然科学系，又以优异的成绩毕了业。可怎么又进了修道院，成了一个修道士、一个女修道士呢？

“很多人认为我是个伪君子，不相信我对宗教有真诚的情感。事实上，在读大学时我的许多朋友也都这样议论：自然科学与宗教，有口皆碑的达尔文主义与信仰上帝，科学唯物主义教育与修道院，这些对立的东西怎么可能并存呢？……是的，很多人认为我是个伪君子。他们认为，到了宇宙时代，一个受过高等教育的人去信仰上帝，就这一事实，人们会认为我是个怪人。有人甚至认为我本身遭遇过某种惨剧，诸如失败的爱情……而这一点究其原因……

“其实，这一切并非如此。也许，会让人觉得我的情况似乎不可思议、荒唐无比。但是，在学校里讲授达尔文学说的课堂上，以及在大学里讲授一系列自然科学知识的课堂上，恰恰巩固了我信仰上帝的信念。

“您问我怎么解释这一点。这的确是问题之所在。现在，我在修道院待了两年，明白了修道院大墙内的宗教世界观和宗教道德的实质之后，变成了一名无神论者。我可以以一个研究者的身份来谈这个问题。问题就在于，在中学也好，在大学也好，我不过是一部记忆和复述知识的‘活机器’而已。

“在课堂上、在演讲中，人们反反复复地去讲关于物质、关于复杂的生物化学过程，以及关于在遥远的星空世界可能有生命存在、关于宇宙的起源等科学真理。讲这一切为的是什么呢？为的就是让学生记住这些东西，保存在自己的记忆里。为的是答题、答题，把那些知识和盘托出求得一个好成绩。这样一来，渐渐形成了一种思维方式，即整个精神生活的方式，这种方式是非常可怕的。积累知识，为的是把知识记在脑子里，待到需要的时候，把知识释放出来。而我，在回答中学老师和大学教授的提问时，能够做到把知识释放出来，就感到一种轻松。至于以后，再去储备新的、另一种新的知识。

“凡是我学过的知识，都不过是不求甚解、走马观花一般的，没有触及我的内心。老师和教授的话语中对我也没有提出过此类要求，比如对周围世界、对人，你要有所思，有所考虑，有所确认、感受和审视等。

“现在，我能评价文学在我的精神生活里所起的作用了。文学在中学，是唯一的一门‘人’学科。依我看，文学这门课，完全不同于其他各门课程。在文学课堂上，应该与人去谈论，而不是把那些知识拿出来，过一段时间再释放出来，以让学生得到分数为目的……我现在坚信，假如老师在讲解《大雷雨》中的卡捷琳娜时注意到我；假如老师了解我需要什么，在我的心灵里发生了什么；假如有一种思想，即人的最高的幸福就是为世界上人们的幸福而斗争，且这种思想在鼓舞着我，这种斗争对每一个人来说，都是可以胜任和做得到的。那么我的生活道路则完全是另一种样子，不会浪费我的青春，让它一去不复返。我不是专家，不会评判应该怎样去教文学课，但有一点我明白了，教文学课应该引导学生去认识'人'，还要教会他们自己认识自己。

"在学校里，实际上是没有设立'人'学课程的。我渴望设立'人'学这门课。现在我十分惊奇地问我所熟识的一位文学老师：'为什么在中学教学大纲里没有一篇陀思妥耶夫斯基的作品呢？为什么没有柯罗连科的作品呢？为什么没有加尔申、乌斯宾斯基、库普林、萨尔蒂科夫·谢德林、帕乌斯托夫斯基、普里什文这些深入人心的作家的作品呢？为什么不研究、推荐托尔斯泰、契诃夫的作品作为课外读物呢？要知道，在他们的作品里，可以说，充分反映出人的苦难，足以帮助学生去认识人的世界啊？！为什么不去研究《堂吉诃德》和《浮士德》？《堂吉诃德》是一部善良、激情的世界的思想百科全书啊！不去谈这本书，怎么可能去谈人的教育呢？'

"在修道院，我读了许多本宗教书，一边读，一边思考，使我成了一个无神论者。我力求在这些'神'书中，寻找到人的意义。但我以惊恐的心情越来越确信，宗教是在污辱人，把人贬为尘埃、灰烬，微不足道。到那时，我才去思考在中学、大学所研究的那些东西；我心里一遍一遍在复习着生物学、物理学、化学、历史、文学、辩证唯物主义和历史唯物主义那些课程。所有这一切，对我而言，仿佛是第一次触及，并让这些知识注入我的心灵里。我想起了布鲁诺的故事。在一个昏暗阴沉的雨天，我坐在修道院的凉亭里，思想里‘浮现出’那一幕幕历史课。突然，在我眼前的世界闪耀出太阳明亮之光芒。我仿佛看见成千上万个罗马人围在熊熊燃烧着的火堆旁，一个个投以无聊又好奇的目光在看着一位即将被处决的人，因为这个人敢于说出世界不像上帝所说的那样。这幅画面在我眼前展现出赫然一新、另一番可观的情景。于是我站了起来，走进林荫道，登上山丘，在那里眺望着河上、城市的奇景。那一刻，我是多么想看看这个世界，看看人间的生活，去欣赏生活。我为布鲁诺的英勇行为而骄傲。布鲁诺才是真正的上帝！如果要去祈祷，我就对他祈祷。我大笑了，我为什么大笑起来，是由于我把两个形象加以对比：一个是总指望世界变成另一个样子的永久受难者的上帝，一个是骄傲的斗士布鲁诺。上帝在我眼前显得多么可怜、不名一文。上帝可怜啊！于是我笑了。

“我感到自己有一种做人的骄傲。我重新审视了我在学校和修道院里学过的所有知识。这种独立思考对我来说太珍贵了，可惜太晚了。我不得不在二十五岁时去探索十六七岁就应该知道的真理。最主要的是，在青春早期就应通过艺术作品去认识人有多么伟大，可是我没有做到，青春岁月因此而荒唐地度过了。

“与宗教决裂，并未像常人想象的那样，让我感到有多么痛苦和难受。我感到离开了反而轻松愉快，仿佛重获新生……女修道院院长问我为什么要离开修道院。当她明白了我的观点对她那‘一群人’有危险之后，便急着赶我走。就在当天，给我所爱的人写了一封信。他曾认为我进修道院是一种不幸，而为此深深陷入痛苦之中。当他接到我的信后，像长了翅膀一样飞奔而来。我们结了婚，生活得很幸福，现在又有了儿子……”

这就是那位年轻妇女的自白。我不止一次去思考她那令人感叹的命运，你也应好好地去思考。想想吧，我们应该去做些什么，才能使科学真理打动少年的心灵。请来信谈谈你对这位年轻妇女奇异命运的感想。也谈谈有的青年人，对读书、对科学、对共产主义理想抱有一种冷漠的态度，这是为什么？

再见，亲爱的儿子。我们已经在期盼你放寒假了。

拥抱你、吻你，祝你健康、精神愉快。

你的父亲

第10封信

学会做人是一辈子的事

亲爱的儿子：

你好！

你说得对，精神空虚往往始于一个人的青春早期，因为在那个时期的记忆、背诵多于思考。正如你所写："那个时候没有一点儿时间去思考科学真理的实质，总是要求去记忆背诵、记忆背诵、记忆背诵……"

是的，这一点很遗憾……但为什么在老师讲述知识之时，学生们和大学生们不去思考所讲知识的实质呢？为什么强大的精神力量——思想的真理、伟大科学的真理，常常不能深入到人的内心深处呢？一个姑娘进了修道院，她的行为举止让我们感到奇怪、莫名其妙。但为什么又有许多人走进酒馆或不三不四的娱乐场所，而不去关心伟大的真理、思想之美、美的价值、人之美那些东西，这是为什么呢？

使知识人性化、使教学充满高尚的情感，依我之见，这是学校教育和大学教育首要的问题。每走一步，你听到的都是数学时代、电子时代、宇宙时代的话语，处处都有不错的名言佳句，但是，这并未反映出当今时代的全部实质。世界进入了“人”的时代，这才是最主要的。近来，有些人不知是何意图，一味去大肆推行这一完全不能容忍、简直就是愚昧之说：凡是没有数学才能的人，就是一个毫无价值的不幸之人。假如我道出诸多教派的教徒们，他们大多拥有中等教育和高等教育水平、毕业于自然科学系和技术院校学历的话，恐怕有人就要认真想一想，该怎样去称呼我们的时代，是数学时代，还是“人”的时代？

你渴望做一名优秀的工程师，这一点非常重要。但你首先应追求的是做人，这更为重要。现在，我们要比任何时候都该去思考的，就是我们应该往人心里灌输些什么。现在有许多学生，中学毕业后上了大学，就不再接受人道主义教育了，这使我非常不安……我这里所指的，是对青年进行广泛的人道主义教育，包括情感道德教育、情感美的教育，对人关心备至又有体贴入微之心的教育。为什么你身边的同学们，彼此那么冷漠？为什么他们对身边的人在做什么、想什么漠不关心？为什么“人”没有成为每个青年人最重要的认识对象？为什么认识“人”没有成为年轻朋友们最有兴趣的一种认识？所有这一切问题，其根源就在于把情感道德教育搞得简单、粗糙、一团糟了。

防止精神空虚，防止精神兴趣贫乏，这不只是他人该去做的事，而是你们每个年轻人本人也该去做的。我对你讲过，无论是听课、读书，或者看一些科学类杂志，都应该去思考，要深思熟虑，应在自己的头脑里架起知识之桥梁。要知道，只有在你认识世界的同时，把科学真理看作与你本人、与自己的命运息息相关的前提下，共产主义思想对你而言才会成为神圣的。你现在正按照辩证唯物主义研究世界的可知性，似乎它是纯理论的，不大近于实际。然而实际上，这确是我们物质福利和丰富精神生活的实质。去认识周围世界，目的就是为了人的幸福。在听老师讲世界可知性时，你要联系自己的实际工作，要想到用自己的知识和劳动，给我国人民的物质和精神生活带去何种贡献；还要去想洞察自然奥秘、认识世界、解释尚未被认识的事物，这些将给你带来何种乐趣？你要制订出自己终生的自修计划。要知道，你大学毕业后的十年至十五年间，将有一大半的科学知识完全是你没有学过的新而又新的科学知识。

人道主义教育、人的教育，也是自我教育的一门课。把自己培养成人，这是最为主要之点。只要五年，你就可以成为一名工程师，但学会做人则是一辈子的事。你要培养自己具有人的心灵。心灵自我教育的最主要手段是美。广义上的美，含有艺术美、音乐美以及真诚待人之美。关于这个问题，我们还会去谈，多多去谈。

我现在正忙于书写关于学校教学、教育工作的书稿，完稿后会马上出版。

拥抱你、吻你。祝你身体健壮、精神愉快。

你的父亲

第11封信

人的心灵不去培育，也会荒芜

亲爱的儿子：

你好！

你这次的来信，令我十分忧虑。现在不由自主就会想到你写的那几个年轻人恐怖的犯罪事件。两个青年工人和一个大学生杀人了……杀人的原因很简单，就为一点儿鸡毛蒜皮的小事发生争吵而把一个人给杀了。

你写的这件事，再一次地迫使我们去思考如何对青年和学生们进行教育的问题，去思考青年人精神生活的问题。我国居民占半数是二十六岁以下的人，对此决不能掉以轻心、不去关注，但也不能带着惊恐的心情去谈。令我不安的，是那些学生在中学毕业后（或者更早些，八年级以后）彻底丧失了接受有智慧的、真正教育的机会。在大专院校，少数除外，根本就不去进行教育工作。须知，这种教育工作之必要性是非常巨大的。我可以举出令人触目惊心的数字，去证实许多地方的一些年轻人犯罪（杀人、敲诈、抢劫、暴力）数目在不断上升。对此，我不能保持沉默，如果不去改进教育工作，我们有何颜面去谈数学、电子学和宇宙学。所以说，对于成千上万个青年人的成长问题，对于一些年轻人杀人如同拍死一只苍蝇那样的事件，我们无权沉默、不闻不问……

这是什么事呢？难道能够对这类事件保持沉默，或者抱着一种心平气和的态度吗？如果我们当中有这样一群人，何谈共产主义建设？

当你看到一个法庭判决杀人的二十岁青年死刑，得知该杀人凶手从被害人口袋里掏出三个卢布，当晚就用这些钱到酒馆喝伏特加（这事就发生在克列明楚格市），你那时不会由于我们大多数青年是好的，还有成千上万个英雄人物而感到一丝轻松吧。

无论何等深奥的数学、无论何等先进的计算机，都无法计算出由于放松对青年进行道德教育而造成的巨大损失。如果我们教育战线的同志们，还在疲于奔命地把学校的普及教育大大地朝数学、物理学方向倾斜，那就去读读那些母亲们的来信吧。她们在信中谈到她们的儿子不满二十岁就沦为罪犯。同志们，你们读后就会明白这种教育的失误会给社会造成何等可怕的后果啊！这些事实，并不亚于那个姑娘在自然科学系毕业后，拿着文凭进修道院那件事……

有些青年养成一种恶习：往往在去俱乐部、舞场或去体育场之前喝酒。酗酒化为灾难，这并非一句妙语，倒是令人痛苦的、难受的一句真谛。这一恶习带来之苦楚毫无轻松可言，反而，犹如苏维埃人要去探索宇宙、准备飞向月球那般有负重之感……

就在两个月之前，我走访了人民法院一个审判庭。当时正在审判一个十九岁青年在舞场上闹事的案件。法庭上法官问被告：“你的职业——”被告却回答：“流氓。”他企图以挑衅的话语给自己壮威，然而适得其反。从他的这句话里，让人感受到一种难以言表的苦涩味道……

那些罪犯们引发了我的怜悯之感。一个人毁灭了，可怜啊！可同时，我又对毁掉人的那些人报之以愤怒。我十分坚信，该承担罪责的首先是教育者们。从广义上讲，那些教育者们就是父亲、母亲、教师、少先队组织和共青团组织。我千百次地相信，一个人在孩子和少年时代由于年幼无知、无拘无束往往会引发犯罪。犯罪的根源就始于童年和少年时代。对一切有生命的人和动植物、对一切美好的事物冷漠无情，其根源就在于情感上的迟钝。比如有一个男孩，肆无忌惮地践踏花草、折损树枝、虐待小猫小狗，他无疑是个潜在的罪犯；因为他用冷酷的态度对待一切生物和一切美好的事物，这在他的心灵里扎下了罪恶之根。须知，从残忍地对待有生命的动植物，到残忍地对待人，只一步之遥。要认识到人的天赋是善，人之初，性本善。我把天然赋予人的善，比作一件神奇乐器上的数根琴弦。琴弦能奏出各种声音，从轻柔到高亢，而人也能奏出善的声音，从最细微、最温柔之声，直到人为生而战斗、为荣誉而死的壮举之声。如果琴弦不调准韵律，就弹奏不出完美的乐曲；人的心灵不去培育，也会荒芜。人性就如同那神奇乐器上最精细的一根琴弦。你会有孩子的，你最为关心的是他们是否都能成为真正的人。要知道，创造人，最主要的是教育他有能力去珍惜人的生命，就像珍惜最为珍贵、最无价的财富那样。任何时候都不许举手去打人，尤其那个人正处于童年时代，他的心灵刚刚处于为他人的欢乐和忧愁而准备奉献自己的欢乐和自己的福利，为了让自己的父亲、母亲、姐妹、兄弟、爷爷、奶奶不知悲伤和痛苦。要调准人心灵中人性那根细微的琴弦，这意味着第一步要去教导孩子学会为他人创造欢乐，并由此也让其感受到这是高尚的人的欢乐。

我想让你和每一个青年人不妨都去听听父辈们关于怎样去培养自己的孩子、怎样去防止最危险、最可怕的罪恶——毫无人性、愚钝的残暴行为的那些教诲和训诫。就在不久之前，在基辅，有一个十八岁青年用刀捅杀了一个十六岁少年，原因很简单，就是为了抢夺他的一块手表（其实还是块坏手表）。这种随意用刀刺杀他人的残忍、泯灭人性的兽性行为，其根源何在呢？我认真地研究了那个杀人犯在童年和少年时的情况，得知他从不为他人、为亲人的欢乐去做事；他没有栽过一棵树，没有培育过一枝花，没有亲手从栽培的树上摘下苹果献给母亲；他也从没有为了让母亲幸福而限制自己的愿望（他的愿望将会变成奇怪的嗜好）。最终，他长成一个铁石心肠、冷酷无情，又是个一文不名的人。

然而，只去要求家庭、学校、少先队组织和共青团组织为罪犯的犯罪行为承担责任，也是不公平的。一个人在少年时期，依我之见，从十二岁起，就已经应该开始自我教育了。一旦进入了青年早期，从十六岁开始，自我教育就该成为每一个人、每一个学生、每一个大学生最主要的义务了。我很想知道你对自我教育的观点，你认为在自我教育中最主要的东西是什么？

再见，亲爱的儿子。祝你身体健壮、精神愉快。

拥抱你，吻你。

你的父亲

第12封信

关于青年人的自我教育

亲爱的儿子：

你好！

谢谢你写来一封热诚的信，虽然内容有点儿杂乱。我对此信中的热诚十分高兴，不在意有点儿杂乱。大概是你顾不上用另一种方式，极力想把让你激动的那些事儿一口气地全说出来吧。

不错，在自我教育方面，你认为最重要的一点是严于律己。严于律己，就要严于要求自己去工作；工作要有目标，并努力去完成它。在自我教育中，意志力当然最为重要。在我看来，意志力往往决定自我教育的结果，其本质更为深刻。

自我教育是从自我认识开始的。青年人生活中最复杂、最艰难的一件事，就是要从各个方面，从理想的、英雄行为的角度来看待自己。我建议你多读些论述品德高尚的人的书。在我们的时代，人们的生活中，也有像丹柯（高尔基同名短篇小说中的人物）那样的功勋人物。你要去读介绍米哈伊尔·帕尼卡科的那本小书，他是来自第聂伯罗彼得罗夫斯克一个刚二十岁的共青团员，在斯大林格勒战役中烧毁了法西斯的坦克，在战火中英勇牺牲。有一句话说得好："你在看着自己周围的世界，而公民的目光也在注视着你。"当时战友们看到帕尼卡科正准备将燃烧瓶投向法西斯的坦克时，一颗飞来的子弹打中了燃烧瓶，他身上着火了，看上去像一把火炬。他扑向坦克，用自己燃烧的身体点燃了敌人的坦克。就在那一刻，他的英雄壮举甚至震惊了法西斯士兵，他们暂停了射击。人们称米哈伊尔·帕尼卡科就是伏尔加要塞的丹柯。世界上还有什么能与这种英雄壮举相媲美的呢？他的英雄业绩盖过斯巴达武士和塞尔莫皮莱山口[①]的英雄们。如果你看到为祖国而牺牲自己的这支"活火炬"，自然地，这支"活火炬"会把你的心灵照得透亮，帮助你发现每个隐秘的角落。此刻，你会想到要成为一个有道德美之人，会想到要为亲爱的祖国做点儿什么，会想到要投身于伟大而崇高的事业中去。

要去创造这样的瞬间，这一点非常重要。对这一瞬间涌现出的那股崇高的道德高尚之热情，一定要去珍惜。从高尚的、英雄行为角度出发，你一定会自问："我是什么样的人呢？我活在世上为了什么？我有建立丰功伟绩的才能吗？"

有一本描写西伯利亚联合收割机手普罗科菲·涅克托夫的小书，希望你去读一读。他在战争前是集体农庄的联合收割机手，在

① 公元前480年，古希腊对抗波斯第一帝国战争时，三百多斯巴达人在斯巴达王列奥尼达率领下抵御波斯军队，坚守在塞尔莫皮莱山口。最后因寡不敌众，全军战死。——译者注

战争中失去了双腿，经治疗回家后，心情有些忧郁，感觉自己成了家中的累赘。但是，自从他读了鲍里斯·波列伏依[①]所著《真正的人》一书后，一下子懂得了人应该怎样去活着。他装上假肢，用极大的毅力和坚强的精神学会了走路，又坐上了驾驶联合收割机的位置。由于他卓越的劳动业绩，苏联政府授予他“社会主义劳动英雄”称号。

在敖德萨农业实验站有位工人，名叫伊万·鲁基奇·莫尔达夫斯基。他在战争期间负了重伤，医生不得不截去了他的双手。他的左腿也成了重残，不能弯曲。可是，就是这样一个人，上了农业学院，毕业后还当了农艺师。

像普罗科菲·涅克托夫这样的人，我还知道有十八人之多。在哈尔科夫州彼得罗巴甫洛夫卡的村子里（离我们那儿不远），住着一位名叫格里戈里·尼基弗罗维奇·兹米延科的拖拉机手。战后的某一年，他的拖拉机触到了地雷，不幸失去了双腿，而他也同普罗科菲·涅克托夫那样，付出莫大的努力又回到了自己的岗位。

如果把所有这些优秀人物的事迹都描写出来，编成一部英勇的文选，就可作为青年人阅读的一部关于生活的教科书，它将是一部对青年人进行自我教育最有力、最为有效的书。可惜你要读的这部真正的人物事迹的书，暂时还没有编写出来。

你一定记得，我在夏天曾答应你讲战士阿列克谢·别丘克的英雄事迹。他在执行战斗任务时被法西斯分子捉住了。他们把他

---

① 鲍里斯·波列伏依（1908～1981），原姓卡姆托夫，苏联作家、新闻记者、社会主义劳动英雄，著有《真正的人》等，曾两次荣获苏联国家奖。——译者注

带到一个军官面前，阿列克谢对所有问题的回答就是“不”“不知道”。当时，一个法西斯分子上去割掉了阿列克谢·别丘克的左耳。别丘克痛得震动了一下，仍然一声未吭。刽子手上前又割掉了他的右耳。无论是保他生命的话语，还是枪毙的恐吓，都没有使勇敢的苏军战士屈服。法西斯分子又施以更残忍的手段，撬开他的嘴，拉出他的舌头，用钉子钉在桌子上。有一个刽子手用刀尖在别丘克的舌面上来回划着，竟然一下子把别丘克的舌头割下来了。到了夜晚，法西斯分子把别丘克带到河边，命令他向前跑，再从背后开枪。别丘克一跑，跌倒在水里，这才救了他一命。他忍着剧烈的疼痛，走向我军的前沿阵地，被我军战士发现，送到了医院……

我在医院里见到了阿列克谢·别丘克。我和他的病床离得很近。你看，对你来说，这又是一个道德高度完美的人。我们的军队中有成千上万个这样的战士，功勋卓著，但可惜，尚没有人把他们的英雄事迹写成书。我坚信，这本书会写出来的；这本书，将是心灵自我教育不可缺少的教材。

儿子，你一定要去深思阿列克谢·别丘克的英雄事迹啊！以这种英雄事迹为光辉榜样，对照自己的心灵。每一个青年都应准备去建立这种功绩。要知道，你会成为一个战士、祖国的保卫者，任何时候都该准备为祖国的自由、独立而战斗。如果战火燃烧起来，你应该像每个战士那样，也能奉献出巨大的、刚强的精神力量，具备勇敢和自我牺牲精神。要知道，什么是我们生活中无与伦比的东西呢？那就是祖国、可爱的人民、我们亲爱的国家。我们当中任何人不在，祖国仍然屹立；但是我们当中任何一个人，若是没有了祖国，就一无所有了。自我教育，首先就是要使自己成为一个英勇的爱国者。

好吧，现在应该回到你写的那几个青年人可怕犯罪的那封信上。他们那几个人，既思想贫乏、愚昧无知，又心胸狭窄、毫无远见。首当其冲，还是因为在他们身上没有做人的核心——热爱祖国的情感。须知，热爱祖国需要最纯洁、最温柔、最崇高、最强劲、最无情而又最严酷的情感。一个真正热爱祖国的人，在各个方面都会表现出是一个真正的人。

儿子，你要培养自己具有这种神圣的情感。我们的祖国，有如千年成长的一棵茁壮大树，那就让我们每一个人都不去做这棵树上毫无生机、无果的枯枝，而去做生机勃勃、生长果实的枝条吧。要记住，我们的祖国任何时候都不会屈服于任何一个征服者。要知道，祖国真正的爱国者，可以被杀、被烧死、被活埋，就像法西斯恶魔所干过的那样，但决不能被征服。

要努力去做一个真正的人。要让你的心里没有一点儿自卑、自贱，也让你的头脑里不要有那种思想，即英雄人物都是些特殊的人，而自己不过是个微不足道的普通人……不是任由旋风摆布的尘埃，而是有着远大抱负、去攀登道德之美高峰的人……

要锤炼、磨砺自己的人性。首先，对邪恶、欺骗、侮辱他人尊严的行为要拥有一种巨大的感觉敏锐性。在这里，重要的不仅仅是认识，而要有一种嗅觉。比如，有人在你面前做了侮辱他人之事，如果你将其视为小事一桩，而闭上眼睛，那么你很快就会对所有这类事都闭上眼睛。你一定要锤炼心灵的感觉敏锐性、磨砺情感的细微处。让你的头脑里来不及“启动”思索，遇见姑娘遭受流氓侮辱现象，就该马上去救助，就像你的心灵被丑恶所激怒，你的情感迫令你为善、美而去行动一样。

其次，是美在锤炼人性。“手捧鲜花，做事不差”，我常常想到弗拉基米尔·索洛乌欣的这一诗句。广义上的鲜花，我理解就是美的统称。有一次，奥尔德里奇[①]说过一句话：“酷爱狄更斯作品之人，决不能成为无耻之徒。两者不能并存。”如果一个人从童年起就接受美的培育，受到好书的影响；如果他对美的东西发挥感受的才能，在美的东西面前表现出激动之感、喜悦之情，那么无人相信他会成为一个冷酷无情、庸俗、淫荡之人。

美，首先是一种艺术价值，其次它能使人的性格变得细腻。而性格越细腻，人对世界的感受就越敏锐，人给予世界的东西就越多……

我不能忘记那位年轻妇女的那些话：谈到她是如何制胜自己的宗教世界观、宗教道德的；谈到她在中学和大学学习的目的，不过是一种知识灌输，然后为了回答考查、考试的问题再把知识释放出来。那种学习的观点，对任何人都蕴含着一种危险性。对文学、艺术来讲，都是一种杀手。在学校里学习文学，不只是为了考试，应当让它进入每一个人一生的精神世界里，每天都要与美打交道。形象地说，只有文学展开翅膀在美的强劲气流中翱翔，文学才会成为生活的教科书。文学这只鸟，没有美、没有美感，就会像一块石头那样摔落在地上。

---

① 奥尔德里奇（1918年生），英国作家，著有反法西斯长篇小说《外交家》《海鹰》等。——译者注

有一点令我不安，那就是在你的生活里，是否天天都能与美打交道？在集体宿舍里，我几乎看不到你们有文艺书籍。不过在你的书架上有两本书，一本是奥·别尔戈利茨[①]的《白天的星星》和格·秋秋尼克[②]的《旋涡》，这是两本好书。当我看到你在读，我很高兴，光阴没有虚度。要知道，一个人一生中能读过的书，不过两千本……而书——浩如烟海，书海中之好书，宛如彼此相隔的一个个小岛；你要力争到每个岛上去转一转，看一看。不过，在浩瀚的书海里很容易迷路，陷入困境……对那些低级读物——形形色色的惊险类、"间谍类"拙劣作品，要怕之如火。培根有句话说得很好："有些书只要尝尝其滋味则可，而有些书最好把它吞下去，只需少许去嚼烂和消化。"

好的书不仅要读，还要反复去读，有些书值得用一生时间数次去读。每重读一次，都将在你面前展现出人心灵之美方面新而又新的东西。我数次地读过列夫·托尔斯泰的《复活》，陀思妥耶夫斯基的《白痴》《罪与罚》，但丁的《神曲》，莎士比亚的《哈姆雷特》。我头一次读这些作品时是十六岁，另一次读的时候是在二十岁，而在三十岁读这些作品时感觉就是另一个样子了……你将根据自己的体验确信这一点；年复一年，你喜欢的书的范围会逐渐缩小，但却是你爱不释手、值得去读的真正好书。现在我建议你，把在校园里读过的书再重读一遍。如同反复聆听优美音乐那般，是磨

---

① 奥·别尔戈利茨（1910～1975），苏联女作家，著有《白天的星星》《二月日记》，获苏联国家奖。——译者注

② 格·秋秋尼克（1920～1961），乌克兰作家，著有长篇小说《旋涡》等。——译者注

炼情感所必需。要知道，我们曾数次去听《天鹅湖》乐曲，这奇妙乐曲令我们任何时候都百听不厌。重读一些不朽的文学杰作，也是使人去认识自己。你要五次、六次、七次去读契诃夫的《草原》，这是他所著的、精彩的短篇小说集。你读后，会使你好上加好。还有高尔基、柯罗连科、肖洛霍夫、普里什文、帕乌斯托夫斯基的作品，如果不去读这些艺术大师之杰作，我恐怕一个月也生活不下去。还要去读现代作家的一些作品。我建议你读一些出自小说家和诗人笔下的作品，那些作家有西蒙诺夫、索洛乌欣、特瓦尔多夫斯基、别尔戈利茨、施巴乔夫、谢尔文斯基、加里宁、尼林、田德里亚科夫、马丁诺夫、斯捷尔马赫、冈察尔等。如果你不去重读那些好书的话，那就意味着你还缺失一种美感。

要记住，书是人类千年智慧之结晶。伏尔泰[1]说过："首次读一本好书，我们就有结交一位新朋友之感。重读一本读过的书，则意味重访老朋友。"望你有更多的老朋友、好朋友吧！读书，并非是一个机械过程，而是一种创造。要学会掌握读书的要领，善于边读边去教育自我，边读边去思考，边读边去琢磨。请原谅，我的这封信写得太长了。但自我教育这一问题，确实是难以一下子述说清楚的。

祝你身体健康，精神愉快。

拥抱你，吻你。

你的父亲

---

① 伏尔泰（1694～1778），法国作家、启蒙思想家，著有哲理小说《老实人》，古典主义悲剧《哀狄普斯》，还撰写了《哲学通信》等。——译者注

第13封信

爱情心灵，培育情感

亲爱的儿子：

你好！

那封关于自我教育的信，引起你极大兴趣，我非常高兴。你很细心，发现了当代青年的一个特征（其实，不只是青年），他们有时表现出神经病似的冲动。我相信，人们之间的许多冲突、常常发生的争吵，皆由于那些人不善于控制自己的情绪，或者更甚者，那些人根本就不去自我教育。

然而，在当今，要让一些人自己去培养自己的情感，尤其对青年人而言，是非常严峻的问题。几千年来，人的生活，基本上是由肌肉的力量和神经系统那种残忍、强势的粗野本性所主导。而近十年来，人的生命力却几乎取决于神经系统最细腻、最复杂的机制。此种机制极易受到刺激。

你大概会记得，就在两年前，我们村里发生过这样一件事。

一个是军校学员、一个青年工人，他们和一个大学生相遇了。相遇时挺高兴，可就是由于有人说了一句不好听的话，情绪骤然爆发，先是嘴上争吵，接着便动起手来打架……由于打斗，三个人被带到了警察局。到了警察局，三个年轻人的情绪方平静下来，至于怎么会打架，一切从何而起呢？这一点，连他们自己也说不清，道不明了。其实，这就是一种巨大的神经冲动所导致的。在现代世界，人的行为在较大程度上，取决于那些最细腻、最敏感，以及控制思维的情感。因此，要特别注重去培养情感。而对年轻人来说，自我教育起着重大作用。那么，该如何去做，实际上怎样去控制自己的情感呢?

这里最主要的一点，就是每一个青年人都应该记住，不要用喊叫、残酷、粗暴等粗野的情感去掩盖自己思想的贫乏。在人的精神深处，在人的无意识里，隐藏着一种本能，即动物的恐惧、凶狠和残暴的本能。一个人的文化素养越少，他对智力和美的需求也就越贫乏，那种本能也就越发突现出来，给人以粗暴之感。每当一个人用再多的话语也无法证明自己的正确时，那么他，或者直截了当地说，无论再去证明什么（具有崇高情感和智力素养的人都会这样做），要么去喊叫，要么用“本能的抗争”去弥补思想的贫乏。应当去爱惜人精神上的情感，不管自己也好，他人也好，都应当去爱惜。要记住，现代人所需要的细腻情感之源泉，就是思想的细腻、智力的丰富。情感可以使思想高尚，然而真正的人的情感，是不能没有思想而存在的；情感是从思想产生出来的，思想滋养着它，它是靠思想而生存的。人的情感是为了使人的思想丰富，成为人在精神世界的独立力量，具有激发一个人去达到高尚行为的能力。

怎样培养自己具有细腻的情感呢？首先，任何时候也不要忘记，你是生活在人们中间。任何时候也不要忘记，与你一起劳动的是人；是人就有关心、忧虑、思想和感受。对待每一个与你一起生活、一起劳动的人，都要善于去尊重，这或许是做人最重要的一种本领。细腻的情感只有在集体中，只有在你不断你周围的人进行交往中，才能培养出来。这就是我们在这里所谈及的精神上自我教育的非常重要的问题。

那么究竟怎样去锤炼、磨砺情感，才会得到知心情谊、丰富智力和美的需求呢？要在友谊中培养自己的情感，友谊能帮助你以细腻敏感性去对待周围的每一个人。

然而，真正的友谊该是什么样的呢？真正的友谊会使人在精神上丰富，助他去战胜本能的东西，去发展人性的东西。你个人必须精神丰富。只有当你在给予自己的朋友某种帮助之时，你的精神才会丰富起来。精神财富互相交换，这是细腻情感教育之需要，也是培养自己善于感受人性之所需。当然，你们的新集体才建立几个月，很难要求你一下子就有朋友。朋友是会有的，你要与朋友们交流自己的思想、情感，同甘共苦。

假如我有可能的话，现在就到你那里去。我若是去了，就会召集你同屋的同学们，也可能邀请其他一些大学生，我会对他们说：“年轻的朋友们，你们要爱惜心灵、培育情感。你们要记住，在我们的时代，人对周围世界的影响，一年比一年变得更为敏感了。在‘人与人是朋友、同志和兄弟’这一思想里，蕴含着深刻的含义。

然而这句深刻含义的话，远非一下子就能理解。做朋友，首先意味着去培养人，培养人具有人的品德”。

教育，从实质上来说，就在于使人去战胜自身的动物本能，发展人所应具有的人性。共产主义教育就是使人的品性达到高峰的教育。

我想起一位德国共产党人谈到法西斯分子是怎样培养孩子灭绝人性的故事。故事发生在希特勒时期。每到夏天，每个少年都得去“希特勒青年团”[①]夏令营受训。受训时，发给每个孩子一只毛茸茸的小兔子，让他们饲养、照料。孩子们喜爱这些小兔子，到了恋恋不舍的地步。夏天快结束了，那些小兔子也长大了，与孩子们亲如手足。回家前，青年团训导员（教员）问孩子们，是否准备执行元首的任何命令。孩子们回答：“是的，我们每个人为了元首宁愿献出生命。”于是，训导员下达了每个人都要杀死自己的小兔子的命令。他命令道：“你们要消灭自己的怜悯心！”

法西斯的杀人凶手、暴徒就是这样培育出来的。那种野兽的本能——对一切生命和美好事物的东西缺少怜悯之心，对他人精神世界的绝对冷酷，奠定了任何杀人凶手、暴徒的本能。应该培养自己对一切生命和美好事物的怜悯之心。你也会有孩子的，要记住，从一个小孩子如何对待小鸟、花草、树林，可以看出他的道德面貌和他对人的态度。

① 希特勒青年团，1926～1945年间设立的一个德国法西斯青少年组织，其活动受纳粹党监督。——译者注

寄给你一本书，《圣埃克苏佩里[1]选集》。希望你能仔细去读一读《小王子》那篇童话，并要去想一想这篇童话的内容。

祝你身体健康，精神愉快。

拥抱你，吻你。

你的父亲

① 圣埃克苏佩里（1900～1944），法国作家，写有长篇小说《南方邮件》、儿童文学《小王子》，在第二次世界大战时担任飞行员，在空战中牺牲。——译者注

第14封信

生活的欢乐何在

亲爱的儿子：

你好！

从你的来信中，我觉得你有一种心慌意乱之感。你的那位同班女同学的话，完全出乎你的意料。令你吃惊、害怕的是，你看到的那位姑娘，几乎与那位大学毕业后进了修道院的姑娘一样信教。这一点对我来说，一点儿也不觉得稀奇，这说明现在的教育仍存在着很大的缺陷。……我不止一次地去思考与你同班那位姑娘的话，她说："科学充分证明，人没有不朽的灵魂；人与动物一样，死了也就永远消失了。但是，科学的证明却使人心感到一种空虚。宗教给予信教的人一种慰藉，而科学夺走了这种慰藉，却拿不出任何可以取而代之的东西。"

那位姑娘的话很沉重。使我想到一封信，这封信是我在《科学与宗教》杂志上发表一篇文章后收到的。写信的人是个十六岁大的姑娘，她是师范学院的学生。这封信就放在我面前，姑娘写道：

我暂时还不是个信教的人，不过很快，就会成为信教的人。并非如人们通常所想象的那样，是一些宗教狂热分子在鼓动我信教，也不是受父母信教之影响，完全是我心里的某种东西在驱使我。究竟为什么，我也说不明白。老师在讲自然科学课时，总是反反复复地要求我们记住这个真理：人和牛、马一样，都是要死的；牛、马死了没有灵魂，人也一样，死了也没有灵魂；人死之后，埋在地下会渐渐腐烂，和猫、狗死了埋在地下没有什么不同；说什么灵魂不死，这完全是教会为了愚弄人而编出的鬼话。不许去想“不死”，若是去想就是自己愚昧无知。

当然，这些话不全是按老师所讲的方式描述出来的，但我所领会的基本内容就是如此。而且是我深深感受到的，这样赤裸裸地表述这些论点，令我震惊。难道人就没有一点儿是人所特有的，哪怕是类似不朽的灵魂这类东西吗？真不希望把人与动物相提并论。请相信，在一次演讲中，那位教授当场就以无情的客观事实，证明了人在生物化学方面，同其他任何动物都是一样的生物。这令我不能平静，夜不能寐。我希望自己能拥有某种精神上的，特别是人所独有的东西。尤为希望人能拥有近于不朽的东西……我开始走进宗教世界。我在里面寻找免遭无情的唯物主义带来的灾难之路。唯物主义在我看来，就是不懂人情瞎扯淡。接下来，我该怎么办呢？请您给我支一招：生活的欢乐何在？怎样才能从那些萦绕在我心头的关于死亡，人死土埋，宇宙、太阳、星星也会随着我的意识熄灭而熄灭这类心绪中解脱出来。当然，这只是对我而言……您说说，我该怎么办呢？

这封信写得很聪慧，让人一目了然地感受到了姑娘周围世界的情况。她请求保密，别说出她的姓名。她的信几乎逐字逐句地再现出了你的同班同学——那个姑娘的思想。令那两位姑娘不安的问题，是个很沉重的问题。

有一种简单化论说让我感到吃惊，就是有许多的演说家、教育者在大肆吹捧那些愚昧低俗、水平极差的无神论，企图使人们从信仰上帝中解脱出来，逃脱宗教的怀抱。在这种水平极差的宣传中最为贫乏的一点，就在于用来证明上帝不存在的那张最大的王牌，也就是提出的那一个论题——人没有任何不朽灵魂之说，人会同任何动物一样，不留痕迹而消失。这真是让人难以找到还有别的方式能够如此这般地侮辱人。

是啊，让我回答十六岁女大学生来信上的问题，难啊，很难！我也很难回答你信上的问题。是啊，如能回答，你会把我的话转达给自己的同班同学（或者，有可能把这封信读给她听）。

最令人极端厌恶的一点，就是人生面临着死亡。憎恨死亡是贯穿于人整个精神生活的一条思路。正因为如此，宗教许诺人死后可以升天，而得到了千家万户的盛赞。高尔基曾说："是对死亡的恐惧把人赶进信仰的牢狱。"但唯物主义和科学揭穿了有关上帝、天堂和地狱的童话。这也让人看到了自己的幼稚。同死亡做斗争，靠的是人自己。

这种与死亡做斗争的本质何在呢？就在于日复一日，年复一年，把人的生活过得充实。穆萨·嘉里尔①的愿望就是在自己身后留下“永不消失的痕迹，有如千年橡树那样，留下你事业的痕迹”。他留下了痕迹。可能你会说，不能任何人都像穆萨·嘉里尔那样，在自己身后留下痕迹。但我坚信，人本身的能量是无穷无尽的；每个人都有可能成为创造者，都能在地球上留下身后的痕迹。须知，我们每个人都在建设共产主义。我们不应该成为无人问津的尘埃那样无影无踪消失的人。每一个人都应该像宇宙中无数闪亮的星星那样去发光。要想成为一个无与伦比的人，在很大程度上，靠的是人自身。应该努力做到不使自己成为一个愚昧无知、无影无踪消失的人。

创造，是战胜死神之正道。一个人的创造渴望，直到生命最后一刻都会存在，这是一个人的最大幸福。阿列克谢·托尔斯泰②、谢尔盖·普罗科菲耶夫③就是工作到生命最后一刻的人。科学不能有任何一点儿像宗教那样去骗人的事实，科学对人说的都是实话。如果按照宗教的世界观，人若死后升天，就必须用祈祷、斋戒、绝对顺从去征服自己的命运。然而科学则说：“不！只有人才是不朽的创造者。”

---

① 穆萨·嘉里尔（1906～1944），苏联鞑靼诗人，苏联英雄、苏共党员，著有歌剧《阿尔滕恰奇》、《莫阿比特狱中诗抄》（1957年获列宁奖）。1942年受伤被俘，在法西斯狱中被处死。——译者注

② 阿列克谢·托尔斯泰（1883～1945），苏联作家、社会活动家，作品有《苦难的历程》《彼得一世》等，苏联国家奖的获得者。——译者注

③ 谢尔盖·普罗科菲耶夫（1891～1953），苏联作曲家，获苏联国家奖，身后获列宁奖。——译者注

有人问，人有没有灵魂呢？人是有灵魂的，而且人的灵魂，要比宗教所说的那种灵魂更丰富。人的灵魂——就是人的强大精神、人的思想，以及人在认识、征服自然力量时的强大激情。这就是人的灵魂，可以达到不朽之所在。

还有一种创造，可以使人达到真正的不朽。这种创造就是创造人。父亲和母亲创造新人——生儿育女，就是最崇高的、不朽的创造。让这种不朽的创造，在自己的子女身上再现自己吧；然而还有更高一层的再现，那就是去培养出比你更好的人。

现在，你在读什么呢？是在读些科学书籍，还是在读文艺书？请注意一下，《乌克兰艺术史》第一卷是否出版了，一旦出版，去买两本寄来（一本给学校图书馆）。

祝你身体健康，精神愉快。

你的父亲

第15封信

自由首先是一种责任

亲爱的儿子：

你好！

好啊，第一个学期结束了。你得了两个五分和一个四分，乍一看似乎不错，但还是要记住列夫·托尔斯泰的话，他说：“人往高处走，否则事无成。”

收到你的信，我很高兴（虽然你好久没有来信了，有两个星期了吧）。得知你们学生群体里对智力问题产生了兴趣，开始有了争论，甚至还谈到自由与义务的问题，真是好极了！你邀请我也参与到你们的争论中去，那好啊，我高兴接受邀请。你在信中写道，有某些同学固执己见，认为在某种活动范围之内（用你的话说是在私人生活问题上）人是绝对自由的；从另一个角度讲，自由受社会制约的程度就是有限的。你不同意这种观点，我支持你。你的观点（作为自由的人，就是总能正确地按照人民利益的要求去行事的人），实际上重复了恩格斯的一句名言："因此，意志自由只是借助于对事物的认识来作出决定的能力。"[①]年轻人有追求，用自己的话表达最复杂的思想，这很好。绝对自由是没有的，也不可能有。要明白人是生活在人中间的。列宁教导说："在社会中生活而不受社会约束是不行的。"[②]你的一些论敌用壁垒把生活分割成两面：一面，人是在看着社会脸色行事；而另一面，则按照自己意志所为，根本不去考虑他人。这种划分，实质上是建立在小市民哲学基础之上的。有的人在工作岗位上，看上去体面端庄、仪表堂堂；可是在家里，却是个挥舞拳头的恶棍、折磨亲人的暴徒。在我们的社会里不知还有多少这类人啊！在男女之间的道德情操方面（包括爱情、婚姻、家庭生活）绝对自由的思想是特别有害的。在人们的生活各个方面，自由，首先就是一种巨大的责任。关于这一点，列奥尼德·马丁诺夫[③]说得好：

我明白了，做个自由的人意味着什么？
弄懂这一情感有多难，
这是世界上纯粹私人之情感。
你要知道，做个自由的人意味着什么？
啊！这意味着对一切负有责任感！
我要对世界上的一切负责——

① 《马克思恩格斯全集》第20卷，人民出版社，1971年版，第125页。——译者注
② 《列宁全集》第12卷，人民出版社，1987年版，第96页。——译者注
③ 列奥尼德·马丁诺夫（1905～1980），苏联诗人。他的哲理诗情词隽永，富于幽默感，这里引用的诗是他《自由》一诗的片段。他曾获苏联国家奖。——译者注

面对流泪、伤亡、悲叹，

面对邪教、迷信、无信仰，

又不能袖手旁观！

顺便说说，如果你没有读过这位杰出诗人的诗作，我给你寄去一本他的诗选。

我们的人民是真正享有自由的人。共产党人从不隐瞒自己的观点，我们理解的自由，只是有益于人民的一种活动。鼓吹战争、诉诸暴力、贪淫好色，在我们这里，都要依法受到惩处。在我们这里没有，也不可能有任何个性的自由。如果每个人都去为所欲为，那社会就变成了一间疯人院，人出门就会产生一种恐惧。我们的人民自由的基础，是社会利益与个人利益的和谐一致。我们社会所关心的是，如何使你这个大学生学得好，将来成为一个好专家，这有益于劳动人民的利益。这意味着你可以自由地去选择条条道路通往学得更好之目的地，只有一条路不能去选择，那就是逃避学习、浑浑噩噩、无所事事。

众所周知，在男女关系道德情操方面“绝对自由”的资产阶级思想会带来什么结果。在这方面“绝对自由”的后果，会给孩子带来痛苦和泪水，给母亲带来不幸，会带来歪曲的童年和在歪曲童年心灵里对善良的不信任。我知道有一些孩子……他们的父亲，显然是些信奉“绝对自由”思想的人，本该受到严惩。遗憾的是，我们的道德准则与法律尚有不相吻合之处。

这里最主要的一点就在于，人的意志本身要有自我约束。应该深刻理解三个概念："可以""不行""应该"。凡是理解这三个概念之人，就会拥有一个公民所应具有的最重要的才能——义务感。义务，是行为中的一种自由，使人的行为举止变得高尚，明白为什么我要去做那件事，我的行为举止为的是什么。我们的社会就是世界上最合理的社会，所以履行义务不会束缚人的意志自由，相反，履行义务给人以真正的自由。

费尔巴哈①写道："自由并不在于开始时的可能，而在于结束时的才能。"这一睿智的思想里蕴含自由与义务统一的细腻情感。我回忆起达尔文的一句话："义务与良心，是人区别于动物的一种道德情感上的重要特征。"亲爱的儿子，你要发挥自己做人的品德，还要记住歌德的一句教诲："怎样去认识自己呢？不是通过直观，而是通过活动之路。要去尝试履行自己的义务，你才能认识到你自己的所有。"

祝你身体健康、精神愉快。

拥抱你，吻你。

你的父亲

① 费尔巴哈（1804～1872），德国古典哲学唯物主义代表。他对马克思和恩格斯形成唯物主义观点有很大影响，主要著作有《未来哲学原理》《黑格尔哲学批判》等。——译者注

第16封信

祖国是你的摇篮、你的家

亲爱的儿子：

你好！

我这封信是从柏林写给你的。临行前，我对你说过，要在这里待上十五天。到了柏林之后，尽快去办所要做的事，不浪费时间，争取尽快完成。我在这里可能要待上十天。

我不是头一次出国，曾到过许多国家，而且每一次远离亲爱的故土时，总有一股新的力量涌上心头，激起我更加热爱祖国。身在远离祖国的他乡，更加深刻地感到自己负有一种责任感。记得在我们家有过一件事。你的一些外国朋友来家里，你们在一起聊天，时而谈到学校教育，时而谈到我国经济，你的心由于紧张屏住了呼吸，仿佛是在谈你本人的事情似的。每当听到这也好、那也好时，看你那个高兴啊！当你听到自己的祖国是人类的指路霞光[①]时，你心花怒放，骄傲！可是，当我们的那些朋友议论起我们的不足时，甚至有时说出一些荒唐话时，你听到后又有多么的不舒服啊！

你在未来也有可能出国访问，记住吧，祖国是你的摇篮，是你的家，是你幸福的发源地！这块土地是你的祖祖辈辈用心血浇灌出来的。在自己的家里会有好的地方，也会有不足。如果你看到不足时，不要忘记，这不足是你家里的错，是你摇篮里的不足。只有卑鄙的人才对自家有错误而幸灾乐祸。不要回避错误，要学会用善和美的东西压过你家里的过错。只有当你做了许多好事时，你才有权去谈你自家的错事。你做十件好事，才有权去谈上一句有关错事的话。

祖国，是既温柔而又严厉的母亲。如果她的儿子是个懒惰之人，心灵冷酷、意志薄弱、虚伪狡诈，母亲会疼痛不已。祖国，如同亲爱的母亲一样，看到一些成不了真正的人的子女，也会疼痛不已。你要努力去劳动，要让祖国为你而骄傲。你要从祖国人民最高利益的高度来看待自己的所为。

要以自己的前辈为骄傲。我们的前辈都是在为祖国的自由和独立而战斗，是在为劳动人民免遭剥削而解放出来、在为社会主义革命的胜利、从法西斯制度下拯救和平的战士。祖国那些伟大儿子的名字，你应视为珍宝，他们是你的骄傲。

要记住，我们的祖国是世界上第一个社会主义国家，是它开辟

---

① 原话如此，体现作者对自己祖国的热爱。——译者注

了人类通向共产主义之路。这是你民族的骄傲。要记住，我们的祖国为世界奉献出一位伟大的列宁。

我路过波兰、德国时，看到有许多战士的陵墓，足有成千上万啊。我国有几百万儿女为了和平倒在了法西斯奴役之下。我乘车路经一个小站，在这里我们同法西斯分子战斗过，火车在这个小站不停，甚至任何一位旅客也没有朝窗外看上一眼……可就在这个小地方，有我们三百多名战士牺牲了。我的一个朋友雷森科少校，也是在这里牺牲的……

我曾到过布痕瓦尔德[①]，现在这里是法西斯受害者的纪念馆。在战争年代，这里是一个最恐怖的死亡集中营。我看到法西斯分子是怎样以纳粹独有的手段与招数杀死几十万囚徒时，不禁毛骨悚然（传说有几十万人被杀，有可能是几百万，现在无人说清了，所有的文献都被销毁了……），在这些囚徒中，有许多是我们的人民。我看到干枯的人头和用人皮制成的手提包——法西斯分子以此为游戏；我看见几十万条女人辫子——法西斯分子用头发编制成口袋和床垫；我看见用人骨熬制成的肥皂；我看见德国农民用人的骨灰作为向大地施肥的肥料。现在，这里的农民子女们——共青团员们，在向我们国家的使者们致敬。

有一种可怕的命运在威胁着世界。在纪念馆里我还看到了法西斯的种种计划：他们企图完全彻底地消灭斯拉夫民族，要在火葬场

---

① 德国法西斯在布痕瓦尔德设立了一个集中营，此地在德国图林根州魏玛附近。1937～1945年间，德国法西斯在这里杀死了五六万人之多。1944年8月18日，德国共产党主席台尔曼就在这里被杀害。1958年，将布痕瓦尔德集中营建成纪念馆。——译者注

焚烧两亿人，要让五千万人绝育去做奴隶。

要记住，正是靠那些躺在白桦树下的普通战士，才把人类从这场可怕的灾难中解救了出来。

要记住，为了你的幸福，不知有多少人被投进死亡营的炼人炉里；不知有多少人在寸土必争的殊死战斗中牺牲；牺牲的英雄，大多是你那么大岁数的人，有成千上万之多啊！

要记住，我们的祖国经历过亡国之危。在各个战场上每次大会战都决定着祖国未来的命运。要记住，有两千两百万我国优秀儿女，为保卫你的摇篮而牺牲了；有上百万的母亲，不知自己的孩子葬在何处。现在咱们的生活好了，幸福了。你一定要到英雄墓地去，献上鲜花，并向英烈们默哀致敬。

要记住，每一个民族都有自己的珍宝，那些为人类的自由和幸福而奉献出生命的英雄们，就是民族之珍宝。你要永远怀念伊万·苏萨宁、乌斯季姆·卡尔马柳克、亚历山大·乌里扬诺夫、裴多菲、谢尔盖·拉佐、埃尔斯特·台尔曼、卓娅·科斯莫杰米扬斯卡娅、尤利乌斯·伏契克、亚历山大·马特洛索夫、尼科斯·贝劳扬尼斯、穆萨·嘉里尔和格里莫·加西亚①这些英雄。要记住，人民对两千两百万牺牲者中每个人的牺牲精神和英雄主义都给予了高度的颂扬。让英雄之魂永远敲打着你的心。

也许你会感到奇怪，为什么父亲在自己的信里没有去讲国外的风土人情，为什么说的都是些早已众所周知的事……因为在这

① 这些人皆是为国家解放、人民自由而斗争的英雄。——编者注

里，无论是我看到什么，还是听到什么，都使我想到祖国，犹如祖国就在眼前。我想到现在年轻的一代人，是多么美好的一代啊！亲爱的儿子，你们的命运令人羡慕啊！你和你的同龄人将生活到21世纪之初，正值你们创造才能大显身手的年代。但又使我有些担心的是，我们——你们的父辈们，能否将我们的全部精神财富和我们付出极大代价得来的全部物质财富传给你们？你们是否能够理解并真正感受到我们在伟大卫国战争年代和我国国民经济恢复年代所经历的苦难？

希望你们都能成为优秀的继承人，要珍惜老一辈人所创造出来的东西。最主要的，是希望你们每一个人，我们的接班人，去珍惜我们生活中无比珍贵的东西，那就是祖国。保卫祖国要时刻准备着。我见到法西斯青年人在隔离墙上写的字："今天我们是日耳曼，而明天我们就是全世界。"我们的德意志民主共和国朋友们讲，这类题字时有出现，法西斯贼心不死。我们应该时刻准备保卫祖国。你们要记住学习军事，应该严肃认真地对待这一课题。每个男子汉都该牢牢记住我们有两个事业，一个是教师、农艺师、工程师……而另一个，大家共同的事业——祖国的保卫者。

再过一周我就回家了，一定去看看你。

祝你身体健康，精神愉快。

你的父亲

第17封信

真正的爱情

亲爱的儿子：

你好！

对于你的来信，我思考了许久，所以迟复了。

道德上纯洁的爱情，是人心上的一面镜子。如果一个人在精神心理和道德情操方面龌龊、不干净，意味着他是个肮脏的人、卑鄙小人，他也就不可能成为一个好公民、忠实的劳动者和品行端正的人。

在精神生活方面，理智与意志应当成为人在性欲情感方面特别警觉的卫士。我对一些作家和评论家的一些观点有些看法，他们认为不该对情感施加禁令、不必去控制自己的欲望，对此我持否定态度。那些人的观点，不过是掩盖性败坏和“自由爱情化”的柔软面纱。列宁对此曾予以尖锐的驳斥。这种“情感至上”之说，对于刚步入社会生活的青年来说，尤为有害。一个人早在产生性欲之前，就该使他崇尚心灵美，让他深深地感受到对他所爱的人负有一种道德责任感。只有在这种条件下，爱情才能是唯一的。在正直的爱情里，理智有助于情感，能给情感注入一股道德力量，而道德会使人精神活动变得高尚。这样，则不会使男女双方因琐事而争论不休，斤斤计较；更不会去盘算所爱的人能给自己带来多少好处。爱情之所以高尚，在于人对人有一种道德责任感，情感和思想能融合在一起。而在理智与情感结合之处，在人心中起着主宰作用的是良心的声音。

你是成年人了，你也会成为明天的父亲，所以我才对你十分坦率地谈这些。我作为父亲，有责任这样去做。如果父亲的儿子变为下流货，社会有权责问其父："你为什么在社会面前不履行自己的义务？"要知道，每个公民最重要的社会义务，是为祖国培养真正的人。"父亲"一词，是崇高的公民名字，儿子，记住这一点吧！

我说过有些年轻人，染上了轻浮放荡之恶习，令我不安。那些人，有时就在大白天，走在大街上，在大庭广众之下，边走边拥抱边接吻。有一次，我问一个很年轻的姑娘："周围都是人，难道你就不感到难为情吗?"她却回答："难道要把友谊藏起来吗？"

姑娘的这句回答，至少是一个愚蠢的答案。她可能在生理上具备了生孩子的条件，但她却在道德上没有做好准备。愚蠢在于屈服最初情感上的一时冲动，还在于厚颜无耻地把本该极为私密不该向外人展示的东西拿出来示众。一个十八岁小伙子，喜欢一个姑娘，上前就去拥抱、亲吻她，这是一种放荡行为。真正的爱情，是一种伟大而神圣的义务，也是终身的一种责任。如果你不想由于轻浮而失去自己的情感，不在精神上堕落，那就不要屈服于第一次的情欲。只有当一个人具备了做丈夫、做父亲的道德责任之后，才可以去亲吻、去亲热所爱的人，其他任何一种爱，刺激之爱、无聊之爱，我认为都是放荡行为。

要记住，爱，首先是一种责任。是对你所爱的人，对其命运、对其未来负有的责任。在爱情方面寻欢作乐的人，就是个好色之徒、恶棍。爱情，意味着付出，为你所爱的人倾心去付出，为你所爱的人去创造幸福。莱蒙托夫在一封信中写道："我是用全心全意去爱……"你要好好地去想一想这句话。全心全意，意味着为你所爱的人创造幸福和福利。

要记住，儿子，夫妻双方道德纯洁，往往取决于婚前男女关系之品格，取决于这种关系中精神心理和道德情操的因素占有多少位置。要像惧怕火那样，去惧怕恋爱"有经验"和"恋爱经验丰富"。婚前恋人之间道德情操越高尚，未来丈夫的道德义务也就越高。对面前那个女人的道德义务感、对她未来的责任感，会使一个小伙子练就成一个堂堂正正的男子汉。纯洁的爱情，会使青年人健康成长；轻浮的爱情，会使他们堕落。

恋人之间精神上交往的最高乐趣，是智力与美感方面的相互充实；是彼此通过逐渐了解，不断发现对方的新品德和情操之美，相互吸纳美好的东西，然后又想着如何奉献给对方。忠贞的爱情是一生忠贞……谁对这种爱情不向往呢？然而，怎样才能做到对爱情的忠贞呢？这样说吧，靠的就是人要有一颗永远赤诚之心。就拿我和你母亲来说吧，我们结婚快二十五年了……但每一次离别，哪怕很短暂，重新相聚时，我总觉得心在激情跳动；我看到在她身上，世界上我唯一爱的女人身上，又有一些新东西；我看到在我所爱的人的眼里，仿佛又展现出一些新的、美的东西。当然，只有在那种条件下，当她的双眼闪烁出一种新的思维时，也会反映出一些复杂的心绪。内在精神世界丰富多彩，是通过人的目光把数千种细腻情感表现出来的。如果缺乏这种情感，那么初次相逢时使你为之倾倒的外表美，也会随着时间的推移而变得毫无吸引力。所以说，那些只追求外表美、身段漂亮，寻求愉悦的人，有一天必将不可避免地导致因“失望”“性格不合”而婚姻破灭。

没有专门的“爱情科学”，你要记住这一点，有的只是人性科学；谁掌握这门科学的初步知识，谁就应与异性建立好崇高的精神与做好道德方面的准备。爱情，是对人性最严格的一种考验。人性的第一课，意味着一个人还在童年和少年时就该上有关爱情的课程，学会把自己的精神力量奉献给你所爱的人的道理。要学会尊重别人。如果不尊重别人的尊严和感情，就不可能有真正的爱恋。这一点，对男人来说尤为危险。

列宁在与克拉拉·蔡特金的谈话中特别指出：在恋爱上也必须克己自律。克己自律，我们男人起着主导作用，要学会控制自己的感情冲动。要知道，恋人之间的性接触有悖于道德。精神上的接近则需要尊重、相互支持，有共度一生之准备。要知道，一味想在婚前发生性关系的小伙子，对内心世界丰富、聪明正派的姑娘来说，就是一种莫大的侮辱，自然会引起她的愤怒。如果这样做，就会被好姑娘拒之千里了……

……要知道，青年人最幸福的时刻，就是在得到纯洁的、理想的爱情时刻。精神生活丰富的人，都希望长时间地保持这种纯洁的爱情。如果两个人有着同样的荣誉感和自尊心，真心相亲相爱，他们会长时间严守贞操，不会在婚前发生性关系，但这并不意味他们没有这方面要求。他们的这种愿望会十分强烈，但他们知道，没有精神上的结合，只是肉体的结合，在道德上是说不过去的。注重精神上结合的人，会将理想的爱情时期放长一些，他们从中也会感到莫大的幸福。

你听说过“生活之路，并非一马平川”这句谚语吗？要认识到，有些人在家庭生活中往往才会表现出真实的面貌。很遗憾，在我们的社会生活中，有一些人在外边给人一种具备崇高思想，是个堂堂正正的君子形象，但在家里却是一个猥亵的利己主义者或暴君。如果一个人在道德情操方面没有做好结婚的准备，他们娶妻也好，嫁人也罢，都是不道德的行为，对未来的孩子更是一种罪过。有人把结婚当作合法满足个人欲望的道路。一些道德败坏的年轻人，尽管他们向对方一再恳求、发誓、承诺，但他们还是把结婚看作一种权利，结婚了，就可以获得婚前未能获得的一切。任何法律也确保不了没有纯洁爱情的婚姻能保持久远。

要记住，人们一旦结婚，就不仅要承担法律上、物质上的责任，而且要承担精神上的责任。社会上的精神财富与家庭精神生活密切相关。有的年轻夫妻刚过上几个月，就感到“失望”“爱情如诗般消失了”。造成这种不和，原因可能多种多样；但主要有一点，年轻人以为一旦结了婚，肉体和精神结合就不受任何阻力，爱情会给他们带来取之不尽的幸福。然而令他们吃惊的是，婚后生活的那种幸福，不知不觉变得并非那样令人陶醉，肉体结合也并非像婚前那样新鲜、迫切。他们忘却了爱情之火（姑且让我这样比喻），是需要经常添加燃料的，即多方面的精神生活。如果缺少这种燃料，爱情之火就会熄灭，或者还会散发出一股有毒的气味，既有害于自己，也不利于他人。只有精神丰富的爱情，才能使家庭巩固而美好。如果爱情只局限于性欲，而这种性欲一旦到了索然寡味的地步，爱情之树很快就会枯萎，肉体的结合也会荡然无存。

要记住，年轻人一旦结婚，很大程度上应该成为自己爱情的创造者，创造欢乐要高于需求。婚姻中本该就是爱情创造高于爱情需求。如果不经常去创造、不去积累精神财富，就不可能使两性关系达到高尚的境界……总有一天，会突然发现丈夫和妻子决裂了，他们之间再也没有什么东西可以向对方展示的了，再也不能给家庭精神生活增添新的东西了。于是，曾经是恋恋不舍的两个人，变成水火不容的仇人，甜蜜的婚姻变成了地狱。在这样的家庭里最大的受害者是孩子。一个好公民应该关心社会的未来，社会的未来就是孩子。

你要记住，如果你产生建立家庭的愿望，你就应当好好地检验一下自己，是否决心去履行自己公民的义务。任何时候也不要忘记，在谈情说爱、浪漫之时，首先要想到的是未来的孩子。

对于一个善于去创造自己精神财富的人，没有第一次爱情、第二次爱情，只有唯一的爱情。冈察尔[①]的小说《旗手》一书中的主人公布梁斯基说："那些胡乱抛撒自己感情的人，依我之见，他应感到自己最终是个乞丐。"在这句话里蕴含着深刻的真谛，就是道德上纯洁、忠实于唯一所爱的人。如果你是一个真正的人，如果你有能力为所爱的人创造精神财富，那么，你就不会对多年所爱的人终结所爱。我再对你说一遍，真正的爱情，不会随着岁月的流逝而削弱，反而会变得牢固。我要在我所爱的人身上留下自己的一片丹心，她也同时会把自己心灵中最美的东西给予我。我们共同创造只属于我们两个人的精神财富，这些财富富含我们精神上的长进、理智和感情相互充实、家庭中的儿女、荣耀和尊严、传统和往事的回忆、诗一般的青春年华，以及青年时代的纯洁感情。这一切都在两个人的心中留下深深的痕迹。一旦重新开始生活，没有留下沉痛心灵的创伤是不可能的。这种情况并非罕见，也不是"浪漫主义空想"，而是人性的一种现象。人之所以不能忘记心爱的人，只因为他已牢牢地占据了对方的心，他们的命运已融为一体了。

咳！这封信写得太长了。我知道你不会持反感的态度对待父亲的训诫。你要思考我的训诫中的每一句话，要在各个方面都成为一个真正的人。

再见，亲爱的儿子。如果能在五一节期间回来一趟，哪怕只待

---

① 冈察尔（1918～1995），乌克兰作家，社会活动家，著名作品有《旗手》《小铃铛》等。——译者注

上一天也好。

祝你身体健康，精神愉快。

拥抱你，吻你。

你的父亲

第18封信

你是自己命运、幸福的创造者

亲爱的儿子：

你好！

你来信问我：一些年轻人学历不同、志趣各异，结合在一起能幸福吗？

这一问，使我想起一年前，我校学生薇拉的母亲来找我的事。薇拉已中学毕业上了大学，现在正从事建厂工作。母亲把薇拉的信拿出来给我看。薇拉在信中写出自己的忧虑和不安。为了便于述说信中的隐私话语，我改动了姑娘的名字，这颇为重要。

姑娘在信中说："有个叫维克多的人，是个好工人，他爱上了我。但我总觉得他不是我所期待的人，没有志同道合那种幸福感。有几次，在我与他的谈话中，谈到应参加函授学习、应该求知若渴，将来没有中等教育水平是无法动用机器的。可他呢，才六年级文化水平……有一次，我在他面前提到要是去莫斯科、列宁格勒[①]玩儿一趟多好啊，看一看自己的祖国。可他呢，吃惊地回答说：‘你眼界很高，还是想想今天的现实吧！有一份好工作，就不错了。至于将来，我们会去看一看的。不过，去不去对我们又有什么意义呢？’然后，他又补充说了一句：‘这种旅行有什么意思，除了白白花钱，得不到任何好处。我们应该去建房子，多想些家务事——如何喂猪、养鸡……’至于学习，他说：‘我不追求中等教育或高等教育，有这种水平的人挣的钱也不多。就拿你来说吧，大学毕业，挣的还比我少……’

“亲爱的妈妈，我该怎么办呢？我现在不想再与他约会了，甚至不想见他了。您说我这样做对不对？如他所说，我真那么古怪吗？我与朋友谈到我的忧虑时，她说我是一个理想主义者，是这样吗？我觉得，倘若我跟他一起生活，必将枯燥无味、忧心忡忡，就像我家池塘边那棵枯柳一般……”

母亲对女儿所说的一番话，回答得也很中肯：“我们每一个人面前都有一个光明而美好的世界，为什么要把自己的生活局限于家庭、厨房、养鸡、喂猪上呢？根据维克多所说的话和他对你的态度，可以断定，一旦你做了他的妻子，他就会让你放弃工作；接下来，就会喋喋不休地说：‘是我在养活你……’我的女儿，那你的命可就苦喽！……”

显然，一个人若把自己的命运同他人拴在一起，绝非是无所谓的小事。只有当那个人在自己的精神世界方面严格要求，方能与

---

① 列宁格勒，即今圣彼得堡。——编者注

他携手共度一生。有一件事令我很吃惊，就是在一些青年报刊上，有人写一些荒唐文章，说有些落后的青年人，其道德情操差就差在文化水平低。但是，只是文化水平高的人，也远非能与具有很高的教育素养的人相匹配。一些愚昧无知、没有教养的现象，在受过高等教育，甚至在有学位的人身上并不少见。相反，在一些普通工人或集体农庄庄员身上，尽管学历不高，却有表现出具有知识才华之人。就在我们区某村里，有一个十八岁大的姑娘，名叫波林娜，是甜菜生产队小队长。因为父亲去世过早，她没读完八年级就退学了。可巧这时，刚刚分配到村里的一位年轻医生，不但认识了她，还爱上了她。但姑娘却把自己的感情深深埋在心里。其实姑娘也喜欢这个年轻医生，也不怀疑他的善意。但有一种思绪总压在她的心头：他学历高。姑娘痛苦地意识到，她喜欢的这个年轻人博学多识，而她自己却知之甚少。聪明的年轻医生看出波林娜有种自强不息的精神，在他求婚被婉言谢绝之后，明白了姑娘在未达到自己的目标之前，是不会结婚的。姑娘对年轻的医生说，她的目标是十年制毕业，然后上大学。她已经函授中学毕业，她的理想是成为一名教师。

姑娘的目标渐渐地使年轻医生心醉了。他帮助波林娜学习，与此同时，他本人也发奋去精通外科医术。他们都对未来的生活充满向往，为了未来而活着，相信理想一定会实现。这种纯洁而崇高的爱情，一直延续了好几年。就在他们相识五年之后，波林娜中学毕业，在大学也修完了两门课，她同意结婚了。

他们的爱情，是充满道德高尚友谊的一种爱情。结婚之前，他们从未有过性关系，甚至连想都没去想。他们彼此忠贞，坚信共同的理想。如果他们之中有人破坏了这个义务，违反了这种精神上的联盟，则被视为一种侮辱、一种背叛。

若是有哪位作家，把这段爱情故事写出来，该是一部多么出色的小说啊！这部小说对青年人的教育而言，意义非凡啊！遗憾的是，几乎在反映青年的文艺作品里，对这种背叛、失望一类的描写，屡见不鲜，美其名曰："这一切都是客观事实的忠实写照。"还有最差的一点描述，在描写青年人精神上的消沉之中并不令人费解，实质上就是在描述愚昧无知的放荡行为。你在作家的字里行间会读到：生活是复杂的，没有痛苦是不可能的。而我不信这一点，没有痛苦和苦难的生活、没有精神上的消沉是可以创建出来的，可以创建出一种惊人的幸福。记住吧，你本人就是自己命运、自己幸福的创造者。

儿子，你要认真思考这一切。

祝你身体健康，精神愉快。

拥抱你，吻你。

你的父亲

第19封信

在友谊中展示自己的精神财富

亲爱的儿子：

你好！

从你的来信中可以得知，我的那些教诲之言，如同篝火溅出的火花，在你的宿舍里引起炽热的讨论。情况看来不错啊，好就好在年轻人对这些问题并非抱着漠不关心的态度。

你写道，你的同学中有人不相信友谊。直说吧，就是不相信青年男女之间的友谊，认为说是友谊，其实就是在谈情说爱。对这个问题，我想谈谈我的看法，不过这次只写信给你看，尽管我的一些书信都是为你而写的。

友谊，是培养人情感的学校。我们需要友谊，并不在于使时间流逝得更加充实，而是为了在人身上，首先在自己身上增添一种善举。我认为道德教育最重要的一条准则，就是要使我们每一个人，在少年和青年早期就对优秀人物，对他所喜欢的人的高尚品德有一种敬慕之情。实际上，这是对人、对人性美的一种信任。如果没有这一点，人的精神就会空虚，生活中遇到哪怕小小的挫折，也会喋喋不休，不相信自己的力量。精神空虚的人，往往表现出对什么都不相信，这是最为可怕之处。关于这一点，我曾对你说过。现在，我再重复说一遍：精神空虚，会让人一味地吸入一些坏东西，难以接受好的影响。所以精神空虚本身就是一种生理缺陷。凡是精神空虚的人，不可能有真正的朋友，也感受不到友谊之中有人性存在。

生活令我相信，如果一个人在少年和青年早期就受到道德理想之鼓舞，如果一个人理解什么是正当的，那么友谊就会使他精神丰富；在友谊之中，并非力图达到不虚度时光，而是把交友之处看作自我肯定、自我认识、自我教育之地。

这种崇高精神的需求，对于男人尤为必需。若想成为一个真正的男人，在其青年早期就该在交友中展示自己的精神财富。你的爱情的纯洁、未来家庭的幸福就取决于此。

没有友谊的爱情是淡薄的。如果青年小伙子要尊重姑娘，首先要尊重她是人；如果爱她，首先爱的是人；那么这种崇高、高尚的友谊，就如同爱情那般美好。建立在性爱基础上的友谊不是友谊。只有恋人之间建立一种牢固的友谊，爱情才能在道德上得到认可。并非爱情本身使其道德纯洁，恰恰相反，是具有崇高道德的人，才会享有崇高而又美好的爱情。那些指望靠性欲来建立精神和谐的人，恰恰是对爱情的不珍惜，其精神生活世界只注重在接吻一类事情上而已。没有崇高精神生活的爱情，即没有共同理想的追求；没有为共同理想建立友谊，这种爱情极有可能变成一种肉欲之欢。你要在自己的笔记本里记下别林斯基的几句话，要多读几遍，认真思考其中内涵，再与自己加以对照。他说：

爱情，是生活的诗歌和太阳。然而可悲的是，竟然有人想把自己的幸福大厦建立在爱情之上，并在生活中一心寄希望于自己的一切愿望都得到充分满足……如果我们生活的全部目的，只在于我们个人的幸福，而我们个人的幸福又只在于一个爱情，那生活真的将变成一片布满坟墓和孤魂的阴森荒漠，成为可怕的地狱。而严厉的但丁天才般地描绘出的有诗意的地狱景象也会黯然失色。[①]

认真想想这一点吧。如果幸福只建立在爱情之上，生活必将变成地狱。在别林斯基时代都不可能只顾及个人幸福，那么在我们的时代若是这样做的话，必将使自己孤苦伶仃、无所作为，陷入悲伤与痛苦的自我小天地里。如果说，别林斯基在当年就已看到“内心世界之外”，还有一个“伟大的生活世界，即思想成就事业、崇高情感成就业绩的那一伟大的世界”。那么，在我们的时代，不仅在个别的战士面前，也将在所有人民面前展现出这一伟大的世界。除了展现外表美之外，还要在人面前展现出人的丰富的内心世界（如尊严、创造力和社会活动），只有在那时，性欲才成为两性在道德上的结合，人才会负有道德义务。建立在性欲上的幸福，犹如禽兽情欲，会让人变得愚蠢而轻薄。

为使爱情成为人的一种业绩，人在道德发展方面必须达到一定

① 《别林斯基文集》第3卷，莫斯科国家文艺书籍出版社，1966年版，第230、266页。——译者注

的高度：首先，确立崇高的生活目标；其次，在奔向目标的路上，要精神奋发、不惧艰难。一旦为崇高目标而奋斗成为一种真正的激情之时，情欲就不再是目的了；相爱的人也成为共同奋斗中的朋友，不会成为争风吃醋的对象。正因为如此，那种具有崇高目标的爱情才高居于情欲之上。这种对个人幸福和全人类幸福范畴之理解，丝毫不会侮辱人的尊严，不会使人心情受到压抑；反而大大提高了人的尊严，因为它激励人用高尚的精神需求去丰富自己的生活。

弄懂个人情感和人类幸福的相称，可以预防因一些小纠纷和不大和睦而演变成“悲剧”。正如生活中所见，那种有辱人格、尊严，最终演变成令人惋惜的“悲剧”，不知有多少啊！一些年轻夫妇在家庭里常常出现“走投无路的境地”和“解决不了的矛盾”，究其原因，大都是由于按其个人所好去建立自己的小世界。不言而喻，他们在这个小世界里会步步碰壁，没有广泛发挥崇高心境的余地。记住这一点吧，让这一点成为你未来家庭生活的一条金科玉律吧。千万别像有些年轻夫妻，在其精神生活方面只知情爱，而有时却因一点儿小口实，去伤及对方的虚荣心。那些受到委屈的夫妻，有时一连几个星期互不说话，还会用一些小动作去刺伤对方，甚至在发怒时往对方伤口处撒上一把盐。与此同时，还会把这些小“悲剧”上升到矛盾层面——互相极力挑毛病、找碴儿说“观点分歧”“性格不合”等。实际上，这些夫妻没有做好精神上和心理上相互沟通的准备。看来，在他们尚不明确自己的个人幸福范围之前，本就不该步入婚姻。

几个星期前，我们区的一位检察官给我谈了一桩离婚案。一对年轻的小夫妻，仅仅生活了两周，由于发生争吵使“蜜月”的幸福就蒙上了阴影。争吵的原因令人可笑：小夫妻俩因为电视机该放在什么地方意见不一致，争吵起来。顺便说说，电视机是新娘的父母赠送的新婚礼物。两人在争吵中，说着说着就说出一个性格不合的结论，这样的生活无法继续下去了。妻子的母亲闻知此事，前来收回自己的礼物；而丈夫的父亲也紧跟其后，将沙发、柜子和其他一些新婚礼品都搬回了家。两周前，两人的嘴里发出的都是甜言蜜语；可现在，嘴里说出的却是不动听的脏话……在法庭上，人民陪审员是一位聪明的妇女，正如常言所说，“宁拆十座庙，不毁一桩婚”，她仔细地分析才弄清了小两口儿矛盾的症结。再看小夫妻难为情地说起当初吵架的原因，在众人面前，包括自己也感到羞愧。如果把一些小事夸大成“世界大事”，在他炯炯的目光里看不到崇高的目标，那这个人就不知道会走到何等地步了！

对一个人来说，最重要、最难的一点，就是在任何情况下都不失为一个人，永远做人。

祝你身体健康、精神愉快。

拥抱你，吻你。

你的父亲

第20封信

请给母亲写封信吧

亲爱的儿子：

你好！

你的妈妈病了，在床上躺了三天。说是脚痛，一周后又躺在床上了。我和奥莉娅为了减轻她的病痛，尽力去照料。据医生说，这是年轻时落下的后遗症。有很多妈妈也都落下了这种病。是啊，在我们青年时代，我们的祖国很穷，人民为了建设社会主义不顾一切去奉献。那个时候，我们大学生一年有三个月要在田里干活儿。那时的干活儿与当今不同，现在几乎都是靠机器操作，而那时一切苦活儿、累活儿全靠一双手。有一年，已是冬天了，为了收土豆，用铁锹在冻土地里挖，足足干了一个月……就在那时，妈妈患了重感冒……

请你给她写封信吧，马上就写。现在她对你的每一句话都很珍惜。

我的母亲啊……当我还在青少年时代，哪怕是一些微不足道的小事，也让母亲操碎了心，不知给她带来多少不眠之夜，头上添了多少根白发。直到现在，想起来都令我痛心不已……有一件往事，仿佛就发生在今天，就在那年早秋的一个傍晚，天边乌云密布，雷声隆隆，可我该去波尔塔瓦上大学。我急着提了个小皮箱就奔去车站。我妈妈当时不在家里，她正在菜园里干活儿呢！她看见我去车站，就像一座雕像似的站在那里，妈妈仿佛就是苦脸雕像的活化身一般。我听到妈妈在说："多加件衣服，别让雨淋着……"我走的时候，只穿了一件衬衣，不过我天不怕地不怕，到车站不过就七里[1]多路……我没回去，心想我怕什么呀？！由于自尊心作祟，心中不免还有一点儿小委屈……我走着走着，耳边不时听到母亲的声音："多加件衣服，别让雨淋着……"这些话里饱含有多少慈母之心啊。似乎她还有好多话要说："儿子，为什么不来告别，为什么不来拥抱、不来吻我，是不是有什么委屈……心里有委屈决不能不对母亲倾吐啊！……"

从那时算起，已有三十多年了，母亲已七十多岁，她也像其他幸福的老年人一样，幸福地生活着。可是直到现在，在我耳边还常常听到："多加件衣服，别让雨淋着……"妈妈为我匆忙离家而忧心说的这句话，时间久远了一些，可总在我耳边萦绕，越想就越感到愧疚，良心的谴责就越深刻。现在我的头发也白了，可在母亲面前，我感到自己还是个孩子。年纪越来越大，可我在很大程度上还

---

① 一里为五百米。——编者注

觉得自己是个孩子。

母亲，是生命的第一创造者。儿子，你在任何时候都不要忘记，是母亲给予你生命，养育着你；是她把世界之美展现在你面前，是她教你学会说话，是她把善与恶、荣与辱的概念灌入到你的心田。母亲是地球上一切美的创造者，因为她是人的创造者。凡是忘记母亲的人，就不可能成为真正的爱国者。

要记住，母亲所有的意愿、关心和忧虑，都是关于孩子、关于孩子的命运。孩子心中之福和事业之福，就是她的幸福；孩子的灾祸，就是她的痛苦。

要记住，任何一位妇女——母亲或未来的母亲，她们所付出的那些情感，就连最疼爱自己孩子的父亲，有时都感受不到。她们用自己的方式深情而美好地肩负着繁衍人类种族后代的责任。

母性使女人变美、变聪慧。从女人变成母亲那一刻起，她的情感就拥有一种崇高的，除了她自己以外，任何人也难以理解的纯洁的含义。丈夫得到少许情感，如果值得给他的话，对母亲来说，也都体现在孩子身上了。

女性美是世界上最为崇高之美。如果你们青年人能理解并感受到女性美的一切内涵、一切伟大之处和令人折服的力量，那你们的思想和行为举止就有可能百倍地高尚而纯洁。

对于母亲而言，所有的人，包括她的丈夫，在某种程度上都被视作她的孩子。她在每个人身上都能感受到其内在的精神世界，感受到他的欢乐和痛苦，这是女性美最为崇高的一种体现。这种品质显然传承给了小姑娘，并且在她做母亲之前很久，这种品质就在她的行为中体现出来。要珍惜姑娘身上的女性美，要善于把她们看成未来的母亲。自然与社会赋予她们拥有世界上最为伟大的创造力：她可以再创造一个你，而且比现在的你更好；她能把你心脏的跳动和智慧的火花带到未来；她能在孩子身上注入自己的美和你的美。她的劳动要比你的劳动复杂得多，要爱护她的健康、美丽和生命。女性美体现出整个人类之美。不许欺侮姑娘，不能让她遭受不幸，因为她是姑娘。欺侮姑娘就等于欺侮自己的母亲和所有的母亲。对待妇女的态度，是反映你心灵的一面镜子。

祝你身体健康，精神愉快。

紧紧拥抱你，吻你。

你的父亲

第21封信

女性美是人之美的最高体现

亲爱的儿子：

你好！

你请求我教你怎样去尊重姑娘的女性美，请求我解释什么是女性美。因为这一问题激发着你，我很高兴。要记住，对待女性的态度，就是衡量一个人道德的一把尺子。马克思说过："从这种关系就可以判断人的整个文化教养程度。"[①]对待女性蛮横无理的人，会对一切都蛮横无理。女性美，是人之美的最高体现。其美，就美在诞生新生命、哺育成长、如花般绽放。女性是生活的负荷者和创造者。对人类的未来怀有一种极为道德高尚的态度。尊重女性，则意味着尊重生活。真正的女性美，是精神美与身体美的统一，产生于劳动人民之中。除此之外，在劳动人民关于女性美的概念之中，

① 马克思《1844年经济学哲学手稿》，人民出版社，2000年版，第80页。——译者注

还含有女性的柔美，此美应视为女人独有的一种权利，理应受到男人们的尊重和关心。

女性美，越来越成为全部人之美的主宰。如果女性意识到并且珍惜自己在建立新生活中的特殊作用，她就不可能成为不美之人。有不少姑娘，她们并不具备惹人注目的外表美，然而其本身却有一种魅力，就是因为她们身上具有女性的气质。要善于看到并珍惜的，首先是这种女人之美。

女性美，是道德纯洁、品德高尚的最高体现，是最高尚人品的体现。女性的这种特征，使其在道德情操方面与男人有关联的各个方面都表现出圣洁的态度，男人若是在这种关系中一切隐私方面采取不尊重的态度，就是对道德高尚的妇女一种极大的侮辱。

女人做了母亲之后，会绽放出自己的全部力量和美。要记住，男人的道德水平越高，女人同他相处时所散发出的好品格就越多。她能巧妙地利用自己的女性美，来增强自己在家庭中的威望。在一个美好的家庭里，妻子——母亲通常是精神上的领导和主宰，而丈夫——父亲越是顺从她的意志，对孩子的教育就越好。这一点，你应该牢牢记住。

女性美，这是女人的一种精神力量，不仅对孩子具有一种教育力量，而且对丈夫同样具有教育力量。这一点，我们家就是一个榜样。你会看到的，假如我们家没有你母亲，你们这些孩子就不可能善恶分明，不可能成为有人情味、富有同情心的人。

大自然与人类发展的历史过程中，赋予女人的工作要比男人更为精细、更为优雅。女人身上的柔美令我们喜欢，这一点不足为奇。但是，只有当女人身上的柔美与强大的精神力量结合在一起时，这种女性的特点才具有值得赞许的色彩。只有这种结合，方能显现出女性美的魅力。在操持家务、教育孩子、教育丈夫时，表现意志坚定、坚持不懈、言行一致等方面，妻子——母亲都起着主导作用，为家庭赢得了好名声。

但是在当今，在许多男人的内心深处，仍残存有封建残余思想，甚至在一些年轻人身上也有，我们应该同它做斗争。有的结了婚的年轻人，工资收入不错，就想让妻子不去工作。他认为自己能为妻子带来莫大的幸福，女人就应忙于厨房里那些琐碎不费脑筋的活儿。用列宁的话说："这些活儿使女人变成了家庭女奴。"精神上强大、有意志力的女性不会容忍这一点。当然，也有个别意志力薄弱、缺乏坚强精神的女人，情愿让丈夫的才智高于自己，促他多长知识、加强学习，而她竭尽全力去满足他的一切需求就行了。这样做，不仅对妻子是危险的，对丈夫也是危险的。要像怕火那样，怕你未来的妻子会感到你的优越，一味去赞许……女性美的确立与绽放，在很大程度上，取决于妻子智慧发挥得如何，取决于她从家庭小圈子里走出多远。聪明的丈夫，恰恰尽力使他的妻子过上丰富的精神生活，使她在家庭精神生活中有着平等，甚至是优先的地位。

如果妻子善于利用自己的优势，树立自己在家庭里的威信，她的女性美就会有所增进：在丈夫的眼里，她就更具有巨大的魅力；她的眼睛和容貌，任何时候也不会失去动人的妩媚和内在的充满崇高精神之美……她还会把自己的智慧、自己智力方面的成长，作为影响丈夫和孩子最重要的手段。

我认识一位聪明、有毅力的女性，叫玛丽娅，她小学文化程度，嫁给了一个具有高等学历的农艺师。但在学习上，她不仅不甘落后于丈夫，反而奋发图强，占据了家庭精神生活中优等地位。她从家庭生活的第一天起，就开始阅读农业技术、土壤学、化学等科学普及书籍，同时也阅读一些文艺书籍。她深知，同丈夫进行精神上的交流，取决于她能给丈夫带来多少帮助、生活上是否有共同情趣；更为重要的是，她对丈夫的精神生活有多大的影响力。天生聪慧赋予她不仅弄懂所读过的东西，对丈夫的所思和困难有所了解，而且使她在农业方面有所建树。她提出的某些建议既有远见，而又内行，令丈夫惊叹不已。她之所以在诸多方面做到如此好，在很大程度上皆由于她是个聪慧的、善于思索的劳动者。

她在甜菜小队工作，一有空闲时间就读书，她的智力兴趣越来越广泛。她有两个孩子，也相继上了学。在孩子上小学时，母亲尚能轻松帮助孩子学习。当孩子开始学习代数、化学、几何时，母亲就感到无能为力了，只能在精神上给他们以鼓励。可是孩子们已习惯认为母亲无所不知，无所不能。于是，母亲下定决心，不甘在孩子面前落后，为此她付出了巨大的艰辛。此举真妙，一下子，孩子们都相信：不是妈妈向他们学习，而是他们向妈妈学习。

她学习了中学的所有课程。在学习上坚持不懈的精神使她成了一家之长。她学习这些知识是要付出巨大精力的，特别是学习外语更不容易。学习正确发音有困难，她又不想请个老师来教。所以，她买了个留声机，跟着唱片去学。孩子们这时才发现妈妈像他们那样在学习，只不过付出的艰辛要大得多。

有些女性，对她这种求知方法另有己见，认为玛丽娅极力不落后于丈夫，为的是怕失去丈夫。对这一复杂的现象，做这样庸俗的解释，虽有一分道理，但却并非是那方面的真谛。由于玛丽娅有很高的自尊感，因此，她明白了，为求得精神财富、美和充满价值的家庭生活，她应该成为有魅力的、受人尊重的女人，而不是市侩的那种见解，做个相夫教子的媳妇。她懂得了没有丰富的内在精神美，很快就会在丈夫眼里黯然失色。这位女性正确地确立了自己在精神上追求的范围，并不断地在精神上丰富自己，从而使她成为家庭精神生活的中心。由此，她一生都保持着作为女性的魅力。

如果你希望未来的妻子，终生成为你唯一所爱的人，那你就要去建设，使你妻子的精神财富不断充实的生活。

祝你身体健康、精神愉快。

拥抱你和吻你。

你的父亲

第22封信

有关美的话题

亲爱的儿子：

你好！

你曾让我写一些有关友谊与爱情的论文，然后再写一些有关女性美的文章，现在你来信请我谈谈有关美的话题。那好吧，我就来谈谈，希望你把我的话终生留在记忆里。

自从有了人类起，人会出神地去观察晚霞美的那一瞬间，人就开始注视着自身的美。爱美，是人之本性，是我们生活之欢乐。人之所以成为人，是由于他看到了一望无际蔚蓝的天空、夜空中闪烁的星光、耀眼四溢的粉红色霞光、刮风天前火红色的落日、地平线上时暗时明的海市蜃楼、伸向远方的无际草原、三月雪映出的蓝色暗影、蓝色天空中鹤群在飞、滴滴晨露在日光下折射出晶莹之光、阴沉秋日时的绵绵细雨、丁香花丛好似蒙上一层紫色轻纱、雪花莲那细嫩的枝茎和浅蓝色的铃铛……倘若你看到了大地处处展现新的美，你会停下脚步，面对美会发出惊叹的话语，而此时，你的心也会美得心花怒放。

在人面前展示出生活的欢乐，是因为他看或听到了树叶的絮语声、鑫斯的鸣叫、春天的小溪流水潺潺，银白色风铃草颜色闪变、炎炎夏日里云雀在歌唱、严冬雪花唰唰在飘舞、窗外暴风雪在呼啸、海洋波浪轻柔地拍击、万籁的寂静之夜……而此时的你，也会屏住呼吸，去聆听千百年来奏出的神奇的生活音乐。你要善于去倾听这种音乐，要去珍惜，要去爱护它。

人是具有高尚之美的，人之美的最高峰，就是女性美。在伟大诗人荷马、但丁、莎士比亚、普希金、谢甫琴科、密茨凯维奇笔下不朽的文化作品中对女性美都有所描写，他们圣洁地讴歌他们曾热恋过的女人美的形象，成为几代人真挚爱情的道德标准。女性之美，并非源于性的本能，也并非由于离不开的性需求所致。你要把别林斯基下面的这段话记在你的笔记本里：

就有这样一位美丽的年轻女子。她的面容看不出有什么特别之处，也体现不出感情、心灵、善良、爱情、自我牺牲、崇高思想和追求……除了秀丽、亲切、富有朝气……再没有什么了；您没有爱上这个女子，也没有被她爱上的渴望，可一旦您静悄悄地去欣赏她那优雅的举止和她那婀娜多姿的风采，在她面前，您的心似乎跳得更加活跃，刹那间会有一股幸福热流涌上您的心头。

在人的外表美里，体现出我们有关美的理想概念。外表美，不仅是指人类学所说的身体各个部位之美，也不仅是指身体健康之美，而是含有内在的崇高精神——丰富的思想与情感世界、道德品质、尊重他人也尊重自己；还含有人的眼睛，眼睛是人的精神生活的集中反映，是思想的一面镜子，是情感的表达者。人的道德觉悟和精神素养水平越高，其内在精神世界表现出的东西就越鲜明。

这是心灵之光，正如黑格尔所说，更加被现代人所表现出来，理解并感受得到。内在美往往通过外在的面容表现出来。但当一个人一味去追求自己的外表美，或者做出有悖于人之美的事来，甚至有辱于人的尊严，那则证明这个人内在是空虚的。

内在美和外表美相一致，这是一个人道德品行美的表现。人追求美，为了让自己看起来美，这没有什么不体面的。然而，我觉得——不知你怎么想？——这种想法是符合道德的。要去追求这种道德美，在某种程度上，这种美能反映出人类创作活动的本质。人的美，只有当他在从事自己喜爱的、能显示出自身所特有的好的东西时，才会越发显现出来。同时，他的外貌，似乎是受其内在精神鼓舞而大放光彩。米隆塑造的掷铁饼运动员之美，就体现出紧张的内在精神力量同紧张的、强健的体力结合的那一瞬间，这种结合是对美的颂扬。一门心思想着去创造、想着美的姑娘，要比游手好闲、苦闷不堪的姑娘美得多。游手好闲是美的大敌。

记住这一点吧，儿子。劳动的人——康拜因手、拖拉机手、飞行员、机械手、园艺家是美的。内在的精神之美，在那些才智受到鼓舞的学者、思想家、诗人、发明家们的身上会焕发出创作才华，在其脸上会绽放出美的容颜来。

如果你想做一个美丽的人，那就去劳动吧，忘我地去劳动吧！

直到你感到自己是个创造者、技师和自己所爱事业的主人，直到你的双眼折射出人类最大的幸福——创造幸福之神采。

美是灵感的伴侣。冈察尔有一篇名叫《向日葵》的短篇小说。故事中讲述一位雕塑家受人之托去雕塑一位姑娘的半身像。姑娘是向日葵种植高手，可姑娘的脸蛋儿不美，激发不出大师的灵感，他拒绝了这一创作。在回车站的路上，雕塑家路过一片盛开的向日葵地。他仔细一看，他要创作的主人公，正在那里劳动着。可此刻她的面容却展现出另一种模样，脸上充满劳动美。此时，姑娘的外表散发出她内在的美。“她多美啊！”艺术家赞叹道，立刻就在他的头脑里勾画出姑娘那美丽脸庞的轮廓。

外表美，有其内在的道德之根源。人所喜爱的创造活动可以使人变美，能改变人的面貌特征——变得清秀而又富于表情。

创造美也会有苦有忧，常人称之为“创造之苦”。既然忧伤可以使人脸上留下永不消失的皱纹，那么创造之忧就是把人脸雕磨得精明、干练的雕塑家。相反，内心空虚则会使人面容迟钝冷漠、呆板无情。

既然是内在的精神财富在创造人的美，那么无所事事、不道德的行为就是在毁掉美。当你在大集体里与许多年轻人接触时，在许多清晰、熟悉的面孔中你会看见一些没有什么能够引起你注意的面孔——既模糊又不十分清晰。这足以说明，精神空虚也可以使人的形象变得模糊不清。

不道德的行为会使人变丑。习惯欺骗、虚伪、空谈的人会渐渐养成游移不定的目光：会躲避他人的眼睛，在他的眼里很难看出思想，他把它藏了起来。阿谀奉承、奴颜媚骨的人，不仅用眼、用脸低三下四，而且会随时随地唯命是从、俯首听命，尤其在“主子”面前，更是卑躬屈膝。没有什么比奴颜婢膝更下贱的了，它使人变得不是他自己，他仿佛在极力做个没有脸皮的人。忌妒、自私、多疑、恐惧，是“不珍惜自我”的表现，所有这一切情感，渐渐发展下去，会使人的面孔变得粗俗，使他成为忧郁、无人味儿的人。要做自己的主人，要珍惜自己的人格——这是真正人之美的一种气质。

人之美的理想，是与人的理想道德美相匹配的。身体美、精神美、情操之美合为一体，这正如很多人所说的是那种和谐之美。如果使我们的人之美、人最崇高的情感之一——爱情不美，那我们的生活就绝不可能美。社会中的每一个人，形象地说，都在展现自身的内在美，如此，整个人类就会达到美的巅峰。用高尔基的话说，人与人都是朋友，就像星星对星星那样。我坚信，到了共产主义，所有的人都是美的，不可能是别样的，因为到了那个时候，内在的美和外在的美会同时绽放。

你就是你本人精神美的创造者，与你共同生活那些人的美，也取决于你。

给你寄去一本《格林作品选》。这本书，你不仅要用脑，而且要用心去读；不仅逐页去读，还要领会字里行间之内容。

祝你身体健康、精神愉快。

拥抱你和吻你。

你的父亲

第23封信

成为一个真正的人

亲爱的儿子：

你好！

收到你从集体农庄寄来的信。你在大学五年之内，至少可以走访五个州，好好地去了解乌克兰的农业。你在信中写道，在你干活儿的村子里，审判了一个过去当过警察的罪人。这个人在二十年前曾迫害过苏维埃人，杀害和拷打过游击队员、老年人、妇女和儿童。你深表惊讶：这怎么可能呢？这个人生在苏维埃国家，在社会主义制度下长大，怎么会一下子成为祖国的叛徒呢？于是，你惊叹道："这是生活本身在教育人啊！"

问题就在于此，我是坚信这一点的，并非是生活本身在教育人，而是人在教育自己，生活仅仅在帮助人。现在，我给你讲一个故事，从中你会明白，变节者是怎么产生的……

就在不久前，住在我们区某个村子里的一个人，该人命运可悲，而同时，对人又富有教益。

此事发生在战争之初，血腥的战火笼罩着乌克兰，法西斯匪徒从西部“爬”了过来，我们的部队撤退到第聂伯河岸边。在一个寂静的8月清晨，敌人的摩托车队驶进了这个村的主要街道，我们所说的这个人就住在这条街上。当时，村里的人们都躲进屋里，不敢作声的孩子们怯生生地朝窗外张望。

突然，人们看到了一件难以置信的事情：从屋子里走出一个人，他身穿一件绣花衬衣，脚上的鞋油光锃亮，双手用绣花毛巾捧着面包和盐。[①]他一边向法西斯分子媚笑着，一边卑躬地举着面包和盐。一个长着棕色头发的上等士兵接受了面包和盐。他拍了拍变节者的肩膀，请他吸烟，然后又从口袋里掏出一盒，拿在手中。他想了想，把一盒烟打开，抽出一半递了过去……

窗外发生的这一切，孩子们都看在眼里，他们又把这些事告诉了妈妈。几分钟过后，全村的人就都知道自己村里出了一个可耻的叛徒。人们心中燃起怒火，握紧拳头。然后，人们思考起来；他是谁，是什么引导他走上叛徒之路呢？人们回忆着他的祖祖辈辈，又揣摩着他的童年。怎么会是这样呢？他才是个二十岁的青年，也许还加入了共青团。不过，请稍等一下，他叫什么名字？他的姓大家都知道，一个人的姓随父母嘛，至于他的名儿，谁也不知道。好在大家都知道他的母亲，是集体农庄庄员，名叫亚林娜。从小，人们就叫这个青年人“亚林娜的儿子”。大家左思右想，这个小伙子

---

① 俄罗斯人有个习惯，敬送面包和盐，以表示对客人的尊敬和欢迎。可此处却是向法西斯分子献媚，可耻。——译者注

是怎样走上叛徒之路的呢？可是关于亚林娜儿子的一些事，谁也说不清楚。邻居们只说他是被娇生惯养长大的。父母就这么一个独生子，他常常一觉睡到午饭时，醒来时在床旁边的桌子上已备好了母亲做的一罐牛奶、白面包、酸奶油……大多数人从小就学会参加劳动，而亚林娜护着自己的宝贝（她常常这样称呼他：“我的宝贝，我唯一心爱的宝贝”），不让他去劳动和操心。

这正如你所说，是生活在教育人……亚林娜爱自己的宝贝儿子爱到忘我的地步，可他又回报她什么呢？假如生活有教育，那母亲付出的爱，应该得到儿子感恩的回报。但是，生活并非那么简单，有时爱来爱去却落下个重大灾难之果。

在那艰难的岁月里，亚林娜的儿子是怎样、什么时候出现在村里，谁也说不清楚。黄昏时，老人们和妇女们坐在枝叶茂密的樱桃树下议论着这一切，不由得产生出一种不宁的思绪：他长得像谁呢？就在法西斯分子占领村子的第三天，亚林娜的儿子臂上戴着警察的臂章在街上走来走去。

“我们在想啊，猜啊，要弄明白这件事真难，”七十岁的尤希姆爷爷说，“这个家伙怎么突然出现了呢？是由于精神空虚。这个人的心灵里没有一点儿神圣的东西。他既不心系着母亲，也不装着自己的故土。他的心并不因为祖先的土地遭受践踏而战栗；双手也没有为故乡做些什么，没有为他人创造出什么，没有用汗水浇灌田地，更没有因艰苦而甜蜜的劳动磨出了手茧，他成长为一株飞廉[1]。”这对母亲来说，意味着可怕的日子临头了。她看到人们都在鄙视她那个不肖儿子，同时对她也冷眼相待。她曾试图规劝儿子回心转意，提醒他苏维埃政权会恢复的，不改邪归正会受到惩罚的。可儿子却威胁母亲说："你知道不拥护新秩序的人会是什么结果吗？"这时，母亲生气地说："你再也不是我儿子了。"母亲说完，离开自己的家去她妹妹家了。

被敌人占领的可怕日子结束了。就在11月的清晨，苏军战士们给人民带来了自由的曙光。激烈的战斗还在村外进行着。亚林娜的儿子未来得及与自己的"主子"一起逃跑。就在解放后欢乐的日子里，人民发出愤怒之声：为什么不去惩办那个法西斯走狗和罪人。尚未等到全村人去惩罚他，一些法律专家已经不凭传闻，开始认真地查证每一件事实。比如，是谁看见了亚林娜的儿子参与折磨游击队员？是谁看见了他是怎样处决苏维埃人的？有谁能证明，正是他把一个黑眼睛的美女送去做苦役？所有这一切，都如实地得到证据并不容易。尽管大家都知道，也都坚信，那些罪行是他犯下的。法庭进行了长期的查证，最终根据证据作出判决，判处亚林娜的儿子有期徒刑七年。

尤希姆爷爷的话，看来是有先见之明的：即使过去很少有人知道叛徒的名字，全都叫他亚林娜的儿子，现在更是全都把他的名字忘了。对这个三十岁的人的称呼各有不同：一些人称他为下流货，另一些人则称他是没心肝的人，还有一些人称他是心里没有一点儿

① 作者用飞廉比喻此人是个无用之人。——译者注

神圣东西的人。他住在父母的农舍里，任何人、任何时候都不去见他，邻居们也不让自己的孩子走近“无名人”的农舍。“无名人”这个名字就是全村人最终给他起的名字。

我有个想法，让这个没有名字的人的可怕命运，去促使青年人从各个方面审视自己，促使他们去探查一下自己的心灵，并问一问自己：在我们的社会生活里，什么东西对我最宝贵；我与人民联系在一起的“红线”在哪里；我靠什么博得人们的尊重，将来又靠什么去博得人们的尊重？

你也该把这些问题拿出来对照一下自己。要去思考，如果一个人的心灵里没有一团神圣之火，即对人们的爱之火，那么是不可能幸福的，他本人就会把自己推向孤独的深渊。为什么一个诚实的、热爱劳动的妇女会养出一个当叛徒的儿子呢？难道他的童年没有欢乐和无忧的生活吗？看来，虽然妈妈给了儿子满满的幸福，不过这是什么样的幸福啊，是用哪把尺子衡量出的幸福啊？幸福对孩子来说，就是一种满足本能需求的欢乐，有时利己的欲望会胜过周围世界的欲望。这些欲望就像一堵墙似的与人民的欢乐和苦难隔绝，使那颗幼年的心变得铁石心肠、冷酷无情。如果一个人只从他人身上寻求满足的欢乐，并将其视为自己唯一的欢乐，那他就绝不可能成为有诚实、善良之心的公民。

我在看着你的眼睛，我的儿子。我在想：你为人们做了些什么？你与劳动人民之间连接的“红线”在哪里？从永久的、非一时的革命成果美之源泉，汲取并滋养你精神高尚的根在哪里？生活给你带来最大的欢乐是什么？你和你的同学在五一国际劳动节时，坐在拖拉机手的位置上，在田里干上两天活儿，让那些辛劳的老拖拉机手休息休息。你每天干完活儿回到家，虽然露出疲倦的样子，脸上布满灰尘，但你却感到欢乐幸福，这是因为你在为他人创造幸福，在这一幸福中找到了自己的欢乐。你往田地里运去二十吨肥料，使一大片连杂草都不生长的不毛之地，变成了肥沃的农田。每当你看到自己的那块农田，你的眼里会闪烁出一种骄傲的目光。不过这种骄傲的目光，你是否会终生保存，是我为之担心的。

在我们各族人民的大花园里，千千万万朵玫瑰花越开越艳丽，看到株株飞廉或曼陀罗[①]就刺眼，不知它们是怎样冒出来的，毒化我们生活的纯净空气。曼陀罗和飞廉可以从花园里被拔掉，但是人不能被抛之于社会之外。应该关心的，不是阻止曼陀罗生长，而是要让投入肥沃土壤里的每一颗种子都能绽放出美丽的花朵。

有句谚语："近朱者赤，近墨者黑。"[②]此话甚有道理，但有时也不尽然。如有的人，仿佛没有人去教他做什么坏事，也没有人看到他做出某种不道德的行为举止，可他却成了下流货。问题在于，尽管在表面上没有人去教这个人做坏事，可他还是像荒草一样，在荒漠地上长了出来。

你看，在当今仍有一种可怕的现象——心灵空虚，在不觉中也诞生了。没有人去教那个无名人背叛祖国，他却成了害人虫。他的

---

① 曼陀罗，茄科，草本植物。曼陀罗几乎全身都有毒，不能误食。——译者注

② "近朱者赤，近墨者黑"，本是中国独有的成语。此处作者的原话是"与某人相交，即沾染某人的习气"，跟什么样的人结交就会学成什么样，与中国这个成语意思十分相似。在《大汉俄词典》里有两处，都把原话译成"近朱者赤，近墨者黑"。——译者注

行为，正如尤希姆爷爷所说，他既不心系着母亲，也不装着自己的故土；双手没有为故乡做些什么，也没有为他人创造什么；没有用汗水浇灌田地，也未表现出一点儿人格。如果不教一个人学好，他就成不了真正的人；为了使一个人成为人，从生下来就该教他只去做好人，他才会成为一个真正的人。

祝你身体健康、精神愉快。

紧紧地拥抱你，吻你。

你的父亲

第24封信

培养才智和生活智慧

亲爱的儿子：

你好！

你的来信让我为难，对这个问题回答起来不大容易。你征求我的意见：怎样才能使共青团小组的生活过得“热烈、生动、有趣”，“开会不苦闷，不会急着期待会议快点儿结束吧”……难以回答的原因，在于我不大清楚你们的集体生活过得如何，你们这些共青团员们有什么兴趣爱好和理想。不过谈点儿建议还是应该的。

我清楚地知道共青团组织有一个弊端：一到会上，大家不知道谈什么，也不知道要讨论什么问题。造成这种弊端的原因何在呢？我觉得，就在于会议的内容与集体的精神生活有所脱离，也与集体的争论和辩论有所脱离。你们的会议要成为令人兴趣盎然的会议，必须大家都认为这是必须要开的会。换句话说，你们都参加的话便于在一起集体思考问题、展开讨论、共同商量。

依我之见，所有的共青团组织，在学校、集体农庄，在工厂和大学里的团组织，应当有一件最主要的事——就是培养人。要做到使共青团会议成为自我教育的学校，要去培养才智和生活智慧，培养情感、培养公民义务、培养道德上的成熟——所有这一切都应在工作的各种形式中表现出来，使每一个青年都看到自己、认识自己，想到自己的命运，想到未来那些令他焦急不安的事；但同时，还要使他们的自我认识与理想的追求结合起来，使每一个青年都有所追求。我坚信，大学和大学生共青团组织的一项最重要的教育任务，就是培养人的世界观、人的崇高理想目标，而此点，正是从培养人的才智、人的智慧开始。思想，是根；理想，则是翠绿的幼芽，从幼芽可以长成人的思想、活动、行为举止、激情、热情、争论的茁壮大树。我认为共青团组织应该教会每一个青年人，用斯坦尼斯拉夫斯基的话说，“去认知生活智慧之重要”，让他们学会思考，学会如何使思想接近于认识，学会如何去追求理想。大家常常都在抱怨记性差，但为什么谁都不去抱怨自己的才智呢？那是因为，准确地说，即使认识到自己才智方面的薄弱，也不会去努力培养自己的才智……在共青团组织里看到这种现象很可怕，非常可怕。大家都在紧抓培养世界观的复杂问题，谁也不去谈及培养才智的问题。要知道，一切都是从这里开始，它是一切的根……

但是，怎样去培养才智、世界观、思想性，怎样追求理想，怎样才能把这一切协调一致呢？

达·芬奇写道：“智慧是经验的女儿。铁不用就会生锈，水不流就会发臭，人的智慧不用就会枯萎。”[①]你们仔细想想吧，讨论讨论这一问题吧，何谓我们的生活经验呢？我相信，这会是一次有趣的讨论。之所以有趣，在于这种交谈会使你们每个人，仿佛能从侧面看到自己的智力水平，会对自己的言行举止进行理智的分析。这里，当然还会谈到思想、理想，但这一切都离不开个人的知觉。一个人在谈论生活经验的辩论中，仿佛是对自己所做的事做一次总结。这种总结不可能没有自我评价，这种辩论会的巨大教育价值就在于此。歌德说：“追求实际目标的巨大智力，就是地球上最佳的智力。”自己的经验应该从实际目标出发进行分析。你们全部的学习工作、全部的智力劳动都应具有实际目标：就是要成为好公民、优秀的创造者、诚实的人，即成为有清晰的头脑、纯洁的心灵和有一双巧手的人。你们一定要去想怎样努力才能做这样的好人。你们读过哪些让你们感动的书，在你们智力劳动之中贯穿着的求知思想有多少？“为掌握知识，就应该贪婪地汲取知识。”这是法朗士[②]说的话，我建议你们把这句话当作你们辩论的首题词。

你们是要在共产主义社会里生活的，应当具有创造者的智慧。创造者的智慧意味着什么呢？这是行动中的世界观。你们在大学里学习，应该具有的一般特点是要善于思考，不仅应该去认识和理解周围世界，而且应当确立点儿什么东西：为了什么去奋斗，又去捍卫什么？

---

① 达·芬奇的这句名言，过去译成“经验是智慧之母”，现在照字面直译出来。——译者注

② 法朗士（1844～1924），法国小说家，著有长篇小说《黛依丝》《天使的叛变》。1921年参加法国共产党，同年获诺贝尔文学奖。——译者注

一位大学共青团工作者对我说：“大学团组织工作很难做到使每个男女青年都能参加某项具体的活动。我们都是些‘纯思想者’，与生活会有哪些直接联系呢？”

奇谈怪论……须知，即使是“纯思想者”，也不愿意放弃自己的信念而去死……你们在分析自己的经验时，应当回答“我们应确立点儿什么东西，为了什么去奋斗？”这一问题。我想，在我们的社会里，尤其在思维领域里，还会长久地存在科学唯物主义世界观与迷信、偏见、思想僵化之间的尖锐斗争。不知还有多少人坚决认为，在许多现象里有着认识和不可认识的一面，即指一些神秘的、超自然的现象，它们是永远不能，也不会被认识和解释出来的东西。通常持这种观点的人，就是那些虔诚信奉上帝和信教之人。其实，在他们的心灵里，应确立的是另一种信仰和另一种希望，即相信人正在接连不断地解开未被认识的自然界的奥秘和不断地去探索新的奥秘；相信人在认识生活里最复杂的奥秘之后，就能掌握一个巨大的奥秘——不朽的奥秘。这就是为理智的胜利，同时也是为人的胜利的一种真正的奋斗。别林斯基写道：“处处都在追求理智的胜利。须知，赋予人的那种理智，是为了使人有理智地活着，而不是让人看到他不理智地活着。”你们要用为人类而斗争的经验去武装自己，你们必将有可辩论的内容、有可讨论的东西。

你们在自己的日常生活中，应当确立一条最重要的科学唯物主义真理：今天尚未被认识的，明天将会被认识。比如：尚不足以完全揭示出无线电波的物质本性，引力本质一般解说得也很模糊，其中还有很多不清楚的地方。恰恰就在此处，要在自然界这些奥秘范围内，为科学唯物主义的认识而奋斗。要思考，思考，再思考！为发展才智而滋养的东西越多，你们的争论就会越尖锐，对生活经验的认识也就越深刻。

如果你们能经常去思考那些尚未得到和那些尚未被认识的东西，那你们将来就会成为真正聪明的人。列夫·托尔斯泰说过："智慧是所有人所必需的，所以也是所有人应具有的特色。"智慧还在于去认知自己的使命，并成为去完成使命的一种手段。他说："假如智慧能有那种性能——能够从智慧满满的那个人的头脑里溢出，输入到缺乏智慧的那个人的头脑里，那该有多好啊！然而丑话在前，在汲取外人智慧之前，首先自己必须去独立地工作。"

对这位出类拔萃的聪明者的这些话，应该认真去思考啊。不管你周围的人有多聪明，如果你无所事事、浑浑噩噩，在人类智慧的成长阶梯上，你将一个台阶也迈不上去。不管你身边的争论多么富有智趣，都该使自己去"开动脑筋"，只有这样，才会使你变得聪明。

我建议，在你们共青团辩论会上去讨论罗曼·罗兰所说的关于智慧的勇敢和智慧的忠诚的话。他说："智慧的勇敢，就是要在繁重的脑力劳动面前不退缩；智慧的忠诚，就是要在真理面前不退缩；追求真理，要不惜任何代价去得到它。要厌恶轻率和随意作出的不明确的决定和有损尊严的谎言……要勇于独立去思考，要去做人。"

请你认真地想想吧。正如常人所说，人要老老实实，你能坦率地承认永远不惧怕繁重的脑力劳动吗？要记住，儿子，在脑力劳动中很容易畏惧不前，回避艰辛而走轻松之路。你在为真理的胜利、为思想和理想而遇到困难时，能永远不惧怕而去克服吗?

你看，有关才智和智慧的话题引出多少争论啊，而有关思想和理想话题的争论也不少。我建议你们就下列专题："谁是我认为的学习榜样""人的理想和理想的人""道德和美"，举行公开辩论。记得我在大学学习时，恰好这些题目，就是那时我们去讨论的专题。你们不妨试试看，一定会看到各种不同观点进行激烈的交锋。高尔基有一段令人惊叹的话，他说："当自然剥夺了人类用四肢爬行的能力时，又给了他一根拐杖，这就是理想！从那时起他就无意识地、本能地追求美好的东西，天天向上。把这种追求变成自觉的吧，让人们懂得，只有在对美好事物的自觉追求中，才有真正的幸福。"高尔基在这里所说的"无意识地、本能地追求美好的东西……变成自觉的"这句话，你明白是何意吗?这就是我们常说的自我教育。人通过难以置信的劳动获得了拐杖（这根拐杖并非自然赋予），不应当把它看成引导人走向某一地方沉重的粗棍子。要让这根拐杖成为帮助人，甚至是帮助人在黑暗中行走探路的灵活工具。

没有理想就不可能有任何前进的动力；没有理想，青年人的梦想就难以想象。而梦想如同火花，有了它才能激发出共青团的浪漫色彩。你们讨论理想吧，在讨论中你们会发现，梦想是如何把你们驾于生活现象之高处，从中还会找到那些对你们来说是宝贵的东西。

这就是我给你们的在共青团会议上要讨论的几点建议。当然，这就不会是让大家感到乏味，谁也不愿发言的那种一般的会议了。这种会议，将是生动地、创造性地充满崇高思想激情的一种表演。

祝你身体健康、精神愉快。

拥抱你和吻你。

你的父亲

第25封信

确信自己的信念

亲爱的儿子：

你好！

孩子们，好样的！你们都能遵从你们的信念去行事，我非常高兴。可有一点令我惊奇，那位年轻的农艺师怎么说得出口，他竟然下达了一道简单粗鲁、毫无经济头脑的命令，让把玉米地里偶然长出并已成熟的美丽的向日葵砍倒，埋入土里，说是为了不妨碍康拜因手收获玉米。你们的良心使然，对这种无思想，而且有害的做法进行了反对，这才是共青团员的良心、真正的信念啊！由于你们拒绝执行愚蠢的命令，你们加了几个小时的班，收割了全部成熟的向日葵。要知道，这可是几千千克的种子啊，你们做得太棒了！你们为集体获得了比物质财富更为巨大的财富——巨大的精神财富。你们的所作所为，正如罗曼·罗兰所说的是“头脑正直”。

一个人的精神美，首先表现在崇高的、符合真理的、正确的信念上的忠诚。在去年，我写信向你谈过这一点，不过谈论信念足可以让我书写出一首长诗来，这就是人要有良心，要凭良心去行事的一种炽热的信念。

不久前，在我们这里发生了一件很有教育意义的事。有个在七年级学习的十三岁女生，你知道她，名叫玛林娜，她的父母都是信教的教徒。就在几个月前，她的父母极力劝说自己唯一的女儿信仰“真主”，说什么不信“真主”就无法在世界上活下去。他们还多次地领着女儿去教堂做祈祷。可是在小姑娘的头脑里，从小就埋下信仰真理的种子——这是人类才智的伟大啊！

有一次，小姑娘跟随父母祈祷后，问传教士：“您说，地球上所有的生物都是上帝造的……您还确信上帝只为人类做善事。可为什么上帝在造人的时候，还造出了成千上万种致命的微生物，造成千百万人的死亡，这算善事吗？”

传教士回答：“真主要求人只用心和情感去信仰，而不是用才智去信仰。不要自作聪明，不要寻根问底，要相信上帝会保佑你的。”

“不！我不信这种虚假的理论。”玛林娜说完，便离开了祈祷室。

父母便威胁地说：“该死的，你不是我们的女儿……”

小姑娘说：“如果你们不认我是你们的女儿，那我就离开你们。”

小姑娘去朋友家住了一个月，学校的同学们也都帮助她。我相信，她的父母也会着急地去找她，求她宽恕。玛林娜信念的坚定震惊了他们，迫使他们对许多问题加以深思。后来去倾听传教士的说教时，玛林娜的父亲居然两次提出了“造反”的问题……

这才是真正的思想信念。为什么一个十三岁大的小姑娘都能表现出真正的思想勇敢，而三十岁的农艺师却迫使自己违背良心呢？无疑，他当然会知道，珍惜地保护向日葵比让它埋在地里更好。可究竟为什么他要那样去做呢？

说到这里，又该去谈谈精神了。像这位农艺师那样的人，讲起大道理来，会一套一套的，可是那些道理并没有融入他的精神，也没有掌握他的思维、激励他的情感。对于那样的人，列宁说，他们的“信念只待在舌尖上”。对这类人，决不能委以重任。照实说，他们就是些空谈者、只会说漂亮话的人。我记得有这样一件事。

在我们的集体农庄里有一位年轻的畜牧师。当时，从区里来了一位代表，对他说：“饲养母牛应该放在没有单独牛栏的饲养棚里。”也就是说，不把母牛拴在“工作间”，让其在大饲养棚里，可以自由走动。年轻的畜牧师立即执行这个建议，并称赞这种没有单独牛栏饲养母牛的方法好。谁知，农庄主席休假归来，立即制止了这种实验，母牛又回到了单独牛栏。与此同时，只见区里的小报报道了畜牧师的事迹，成了人人称赞的革新能手。这一下，年轻的畜牧师陷入了尴尬的境地，怎么办呢？他只好另寻出路：选了一处区里来人常常能看到的小畜牧场，继续实行没有单独牛栏饲养母牛的方案，而在其他畜牧场继续执行农庄主席的指示。你看，一个没有信念的人，不知会走到什么地步。

你要记住，一个人从巴结讨好和不讲原则到背叛只一步之遥。“信念之所以珍贵，就是因为它合乎事实，而绝不是因为它为我们所需。”要善于确信自己的信念、真理，这不是第一眼就能看得一清二楚的，它常常深藏在一些事物和现象的某一深处。这里可以列举出许多例子，来证明我们集体农庄畜牧场劳动素养的水平是很高的；但也可以列举出许多事例，证明畜牧场的劳动很低端，仍处于封建经济的基础之上……即使二者都可以证明有自己的道理，但二者都不合乎真实，都不是真理。真理是很复杂的，有矛盾并不罕见，稀松平常。如果你明白这一点，那生活就会把不解之谜和难以克服的困难推倒在你的面前。在分析一些事例时，应该善于看到其中发展和发展趋势的辩证法，到那时，一切才会一目了然。如果想去弄清畜牧场的劳动文化素养，就要清楚，以手工劳动为主的畜牧场逐年在减少，但这一过程并不是靠某人一挥手就能完成的。这就是发展的辩证法，也是真理、真实之所在。

常常能听到一种说法：我们的犯罪率在上升，流氓分子越来越多，怎么办呢？这不是真相。说此现象的人，就是由于戴着有色眼镜在看世界。其实，我们国家犯罪率在持续不断地下降，我国人民对那些社会秩序的破坏者、犯罪分子和游手好闲的人采取极不容忍的态度，这是真实的反映。但要夸大其词，硬说我们的社会里，在美好的背景下，常见流氓、酒鬼、犯罪分子，此种卑鄙是不能容忍的。

一旦你从集体农庄回来，请你到书店看一看，《爱因斯坦选集》第一卷出版了没有，如果有，买一本寄来。

祝你身体健康，精神愉快，学有成就。

拥抱你和吻你。

你的父亲

第26封信

子女要有感恩的心

亲爱的儿子：

你好！

你的信引起我巨大的不安。令人思考的是，在人的内心深处，确有难以接受教育之点，对此，教育家们也往往有所忽视……你愤愤不平地写道：一位母亲，是集体农庄庄员，从遥远的乡村来找她的儿子——你的一位同学。可儿子羞于认她是他的母亲，因为母亲是一个普通的农村妇女。他怯生生地躲避母亲，让同学对他妈妈转达，说他出远门了……但他却没有忘记说，把妈妈带来的装满鸡蛋、奶油和白面包的篮子留下……

你对此事愤愤不平，而我也在思考。我觉得共产主义的变革范围——人与人之间的关系，要在人心中确立人性等方面是最为复杂的。直到现在，人本身，包括其思想和情感，都没有确立出最美好的人性，何谈共产主义生产关系的胜利转变。

不久前，有一位教育理论家说：“真正的思想教育，应该从孩子戴上红领巾那时开始。”这大错而特错。思想教育应从孩子发出“妈妈”的叫声那一刻开始。从人生下来，具有人的面貌，那他将会成为什么样的人，在很大程度上，取决于这个人怎样对待妈妈和在发出“妈妈”叫声时体验到何种情感。儿子的义务，是对人性的一种考验。

这里，乌克兰有一个古老的民间传说。

母亲有一个独生子，他娶了位天仙般的姑娘，带回故乡。儿媳不喜欢婆母，便对丈夫说：“不要让妈妈进正屋，叫她住到厢房去吧。”儿子就把母亲安排到厢房里了。母亲吓得不敢见恶媳妇的面儿。每当儿媳走过厢房，母亲就躲到床下。

但儿媳却得寸进尺。她又对丈夫说：“把她从屋里赶出去吧！让她住到柴棚里。”儿子就又把母亲打发到柴棚里，只有到了夜间母亲才敢走出柴棚门。

一天夜晚，美丽的少妇在繁花似锦的苹果树下纳凉，看见母亲走出了柴棚。她怒气冲冲地跑到丈夫跟前说：“你要想跟我一起过日子，就要把她杀死，掏出她的心来献给我。”

儿子迷恋妻子的美色，竟对她百依百顺。于是儿子对母亲说：“妈妈，我们一起到河滩痛痛快快地洗个澡吧。”母子俩沿着满是乱石的河岸向河滩走去。母亲被乱石绊了一跤，儿子大怒：“妈，你怎么搞的？为什么不留意脚下？这样走到天黑也赶不到河滩。”

他们来到河滩，脱下衣服，洗澡。儿子乘机杀死了母亲，从胸膛里掏出她的心，用一片槭树叶子包上带走了。母亲的那颗心颤动着，儿子惊得被石头绊了一下，跌痛了膝盖。那颗滚烫的心也落在一块尖石上。这颗心淌着鲜血，颤抖着说：“我的宝贝儿子呀，你跌痛了吧？”儿子失声痛哭起来。他急忙捡起母亲那颗火热的心，回到河滩，把它填进母亲那被剖开的胸膛。这时的他泪流满面，他明白了世上任何人永远也不会像妈妈那样无私而强烈地爱他。

母爱是如此博大而深厚，母亲想要看到儿子快快乐乐、无忧无虑地生活的心愿如此强烈而无所不能。她的心竟又复活了，被剖开的胸膛也愈合了。母亲站起身来，把儿子生有卷发的头抱在自己胸前。打这以后，儿子再也没有回到漂亮妻子的身旁，他对她已感到厌恶。母亲也没有再回家。母子二人走过草原、山谷，来到一片旷野，化成两座巍峨的山冈。①

这则民间故事，是用人民的智慧创作出来的。再没有比母爱更强烈之爱了，再没有比母亲那种抚爱和关心更为柔情的了，也再没有比母亲那不眠之夜、不合眼的焦虑更为焦虑的了。正如乌克兰民间智慧所说：“即使在儿子心中点燃起一团火，哪怕比起母爱来弱上千倍，那么这一团火也会是整个人类永不熄灭的火焰。”

“人类的生存，是由于有了母爱才得以生存。没有什么比母爱更神圣、更无私的了。任何眷恋、任何爱情、任何激情与母爱相

① 这篇民间传说，是作者苏霍姆林斯基于1965年在《家庭与学校》上发表题为《善的萌生》一文中引用的。此篇传说又在《家长教育学》中《要在儿子心中留下痕迹》一文中重复出现，作者有所改动，但大意相同。——译者注

比，或者是软弱无力的，或者是自私自利的。”我认为，在别林斯基的这些话中对母爱的赞美，一点儿也不过分。

子女要有感恩的心……如果让母亲和父亲的心感受到儿子或女儿冷漠、冷酷无情，忘记了父母为他们所创造的幸福和福利，那父母该有多么忧伤和悲痛啊！对于临近暮年的人来说，再没有比得到子女回报更为欢乐的了。“不孝之子”“不孝之女”，或许就是人民道德宝库中，对不孝子女丑恶品行的一种尖锐而深刻的谴责吧！我们应当向劳动人民学习，培养一颗纯洁、高尚的心。我们需要在无穷无尽的人民道德源泉里汲取精神能量；做不到这一点，就不可能有真正的人性、友谊。

现在，我讲一个发生在我们州一个村子里遭受人民谴责的不孝之子的故事。学习吧，儿子，向人民学习好的，而唾弃那些坏的东西。

一位母亲养育了两个儿子，其中一个儿子，在战争中牺牲了，杳无音信；而另一个儿子，服役归来，朝气蓬勃，身体健壮。他随身带回几箱“战利品”，但他从不当着母亲的面儿打开箱子。母亲的小屋陈旧，儿子决定盖一间新房。地址选在僻静的村边。他盖了间砖房，房顶上铺着那些年罕见的锌板。他结婚了，一对小夫妻过上了无忧无虑的生活。

可母亲的房子破旧不堪，她恳求儿子修修房子。儿子却回答说：“我忙着呢，你的房子自己想办法吧。”母亲哭了……

过了些时候，重大的不幸降临到老母亲的身上。她病了，手脚麻木，卧床不起。母亲的邻居走到老人的儿子跟前说：“安德烈，你有没有良心啊？你母亲都卧床不起了，需要你经常去照顾她的呀。”儿子嘴上应允去照顾母亲，可就是不去，只好由邻居去照料有病的老太婆了。

半年过去了，又过去了一年，母亲感到自己的病情越来越糟。儿子一次也没有来看过她。村里的人们议论纷纷，说儿子抛弃了母亲。人们称安德烈是个冷酷无情的人，后来，更多的是骂他是个畜生。在安德烈新居旁居住的四户邻居，原本打算在此地修建新房。难道诚实的集体农庄庄员能与冷酷无情的“畜生”相邻而居吗？几户集体农庄庄员搬走了，在另一处建了自己的新房，留下了四处残破的草顶“空屋”。在安德烈所住的街上行走都有点儿可怕。从晚到早，从空旷的院子里总能传出鸮鸟的叫声。一年后，又有五户集体农庄庄员邻居搬走了，那条街上空旷阴森。安德烈请求农庄主席，在他所住的周围空地也让别人建房，但谁也不愿意与他相邻而居。

在一个雷雨交加的春夜，由于雷击引起一间草屋着火，劲风一吹，周围的草房都被烧着了，只剩下安德烈那间用锌板盖着的房子，完好无损。就在那一天的晚上，安德烈的母亲死了。儿子和妻子前去送葬，装装样子流着泪水，试图在母亲的遗体面前去做些子女应该做的事。至于后事，凡是需要料理的事，已经有人都去做了。邻居们把母亲遗留下的衣服，包成一个包交给了安德烈，他把包带回了家。临走时，人们都以鄙视的目光与他告别。

在火灾之处长出了杂草。夜里，有人看到有狼出没在安德烈屋旁，站在灰烬上，昂着头，悲哀地吼叫。

人们在大街上行走都躲安德烈远远的，见面也不跟他打招呼。这个冷酷无情的人的心里充满了恐惧，他怕出门了，日落就躺到床上睡觉。谁也不愿在废墟地上建新住宅，旧宅院长满了飞廉和山杨。安德烈怎么样了呢？人们都说他疯了：白天怕见太阳、怕见人，夜晚就在废墟地来回转悠。后来，人们看不到他了，听到消息说安德烈在废墟地存有的一根柱子上上吊自杀了。

过了不久，推土机开了进来，把废墟地推平了，挖出了半腐烂的老树墩。拖拉机翻耕了土地，农田工作队播种了向日葵。向阳花盛开了，村子里处处欢声笑语不断。而在安德烈家的原址处，住进了一位快活的农业机务员。每当傍晚时分，人们都会听到悠扬的手风琴声，听到少女那甜美之歌。但有些人也会想起那段不快活的历史，想起安德烈那可悲的命运。在夜晚时刻，总有一种思绪触动着不止一个人的心：那位不幸的母亲，把自己的全部心血都倾注在“宝贝儿子”安德烈身上，甚至到了夜不能寐的地步，为什么还会发生那种不孝之事呢？

人们都记得安德烈的事。母亲赫里斯京娜和丈夫一起下地去收麦的情景：她总是在大车上放一些带有香味的干草，铺上一块白棉布单，然后把已经睡着了的安德烈，连同枕头、被子一起抱上车，并用东西把他的小脸罩上，以免被炽热的阳光晒伤。小安德烈就在车上安稳地睡着。他已经八岁了，像他这样年纪的孩子，早已能到森林里去拾柴、升起篝火、担水了。可是他在睡觉。

安德烈身体健壮、朝气蓬勃，可是他的母亲赫里斯京娜对他总是不放心，更让她担心的是：生怕儿子出什么事而伤心，生怕有一点儿痛苦使儿子平静的童年变得忧伤。在一个秋天，赫里斯京娜给儿子煎了一盘蘑菇，是她儿子喜欢吃的食物，他每天都想吃酸奶油蘑菇。附近的蘑菇越来越少了，赫里斯京娜不得不到六千米开外的森林里去采。有一次，母亲的脚被划伤了，好不容易才回到了家。她对这件不幸，咬牙不说，甚至不露一点儿声色，难道能让安德烈的情绪因此受伤吗？为什么要让他知道世界上有痛苦呢？每当赫里斯京娜遇上一些忧伤的事，总是闭上天真的眼睛，一向这样去说，这一次也是如此。她随随便便包扎一下脚伤，到一个邻居家求助。于是，那位邻居便每天给她送来一篮子蘑菇，而母亲就将自己做的衬衫作为回报送给那位邻居。即使这样，小安德烈也不知道母亲遭遇了何等的不幸。他的心只是在为自己的欢乐、为满足自己任何一点儿愿望而跳动。所以他成了冷酷无情的人，成了对他人的不幸、忧虑、焦急和不安态度冷漠的人。

我不认识那个羞于去见自己作为普通农民的母亲的大学生，但我坚信地说，他是个可怕之人。在困难时刻决不能指望他，他就是个背叛者。这样的人，一旦他成了家，做了父亲、丈夫，会每天施展出数十个、上百个小背叛，从中编出一个巨大的背叛，去摧残自己的孩子和折磨妻子。他将把自己的孩子培育成自私、利己、蔑视和冷漠的人。

祝你身体健康，精神愉快。

你的父亲

第27封信

学习劳动，从人生第一步开始

亲爱的儿子：

你好！

我对你在来信中的一些话表示惊奇。你在信中说："您写道……仿佛您知道我明天就打算结婚，一年后要孩子……"

人应该学会对一切先知先觉。一个人真正的劳动是从十八岁开始，而教他学习劳动，是从他刚迈出人生第一步那一刻开始。如同去准备繁衍人类种族一样，要先学会怎样去培养自己的孩子——意味着要教人懂得人性。不是一年，有可能过五年，你会有家庭、有孩子的。不过，令我惊奇的是，人们教青少年学会了很多东西，如耕地、播种、开拖拉机和操纵机床，但怎样去培养孩子，对此却是谁也不想去教……有时，到了一个人已经有了孩子的那时候，才去教他怎样去培养孩子……即使如此，也是有必要的。

看到儿童的欢乐，是我每一天的开始。我看到在欢乐的儿童眼里，闪烁出称赞玫瑰花绽放之美的眼神；我看到孩子们望着蔚蓝天空中那一朵朵云彩在神奇变幻和那色彩斑斓的蝴蝶在叶丛中飞来舞去，而表现出惊奇的目光……看到孩子们用欢乐作为给爸爸妈妈的礼物。社会和父母给孩子们带来那么多的欢乐，多么美好啊！但是，每当我看到孩子们那欢悦而祥和的面孔时，不由得在心中涌现出一种不安的心绪，使我想起安德烈来。

安德烈小时候，也是快快乐乐的，从不调皮捣蛋；只因他的母亲过分溺爱他，使他丧失信念，走上歧途。对这一问题，每一位未来的父亲都应该认真去思考，你也应认真去思考。要知道，我们对孩子的爱，就像一支巨大的、真正的、永不熄灭的火炬，然而在孩子们的心中会报之以感激的星火吗？孩子是否感受到生活的欢乐和幸福，是他们的父母用辛勤的劳动和心血换来的？还有许多“非亲人”的关爱？谈到那些“非亲人”，对他来说，又都是亲爱之人。之所以说是亲爱的人，是因为没有他们，他就不能生活下去。尽管这一点，在他们的头脑里往往意识不到。

在孩子身上延续自己、再现自己——这是身为父母一种巨大的幸福。你将来也会在自己的孩子身上看到令你惊讶的、举世无双的奇迹。只要是为你儿子的好，你会竭尽全力去奉献。但不要忘记，他首先应该成为一个人。一个人最主要之点，就是义务感，对那些为你创造幸福的人，要有一种感谢、感恩之心。相信你也会把你创造的福利传给你的孩子。只有当他在为父亲、母亲以及老一辈人奉献自己所创造的福利时，他才会感到父母为他付出了多少辛劳和心血，自然怀有一颗感恩之心。投之以福而报之以福，这正是父母教育子女最重要的一条准则。

要记住，儿童的幸福，就其本性来说，是自私的：老一辈人为孩子创造的福利和幸福，在他看来，不过是理所应当。直到现在，他没有感到、没有亲身体会到，他个人生活最重要的来源——就是长辈人的劳动和血汗；他认为母亲和父亲是为了给他带来欢乐和幸福而活着。乍一看，有此想法似乎令人难以置信，在诚实的劳动人民家庭里，父母的心都放在孩子身上，全心全意在为他做奉献。可是，孩子成长为冷酷无情的人。其实，这也没有什么可奇怪的。有的孩子成长中只是作为欢乐的需求者。最可怕的一点，可能就出在教育上。因为只有知道为他人创造幸福是人类最高尚的欢乐的人，才会感受到善的伟大和美。只有做到这一点，才是真正无私的。所以说，人真正的欢乐，就是在少年的心灵里充满崇高精神的力量。

怎样才能达到使父母在儿女身上投之以金砂粒，变成子女投之以金砂矿奉献给他人、奉献给父母呢？最重要的一点，就应当是教孩子看到和感受到，并用全心去理解和感觉到，他是生活在人中间，为了他的欢乐和幸福，有人为他付出心血而增添了白发。

当你有了孩子之后，要教他看到和感受到有人存在。这或许是培养人的劳动、在女子身上再现自己，是最为复杂的一点吧。

要记住，童年早期，即从孩子有了自我意识那时起，就是“快乐学校”。为他人创造幸福，是从孩子关注美和美好的事物开始的。凡是使孩子产生美感和欢乐的东西，都具有神奇的教育力量。

年轻的父亲和母亲们，应该学会“设计”人类，应去思考“快乐学校”每一门课的内容，应该教孩子们做到、用心感受到，他是生活在人中间。让你的家有属于自己的家庭节日，这一天，是孩子为父母带来欢乐的日子。在我们很多家庭里，秋天都过玫瑰节。你当然会记得，在你的童年时代，你和奥莉娅一起栽种玫瑰，栽了玫瑰后，还去照料、为它浇水。孩子们都很乐意去干这项不复杂的劳动，不过很快又冷落了下来。应该常常提醒孩子记得：田地该防冻了、该松土了。他们有时不大喜欢这种简单乏味的劳动，劳动的结果——待到那香气扑鼻的鲜花盛开，在他头脑里的概念还很遥远。所以，还应教他要有耐心去等待。

不过，一旦花丛里冒出了第一片绿叶，孩子们的眼里便闪烁出欢乐的目光。接着新的单调的劳动又要开始。孩子们又得去浇水、松土、施肥。终于，孩子们喜出望外地发现第一朵花开了，接着第二朵、第三朵……欢乐的目光在孩子们的眼里闪动。这种欢乐是无与伦比的，既不是那种收到父母给的某种礼物时感到的欢乐，也不是娱乐、休息时那种欢乐，更不是要外出旅游即将出发时的那种欢乐。

这种欢乐是为最亲爱的人——妈妈、爸爸、奶奶、爷爷创造的幸福之乐。为最亲爱的人创造幸福，本身就是一种美，会使孩子的心情激荡、欢乐不已。孩子会急切地期待自己栽培的花何时盛开。一旦花开了，偶尔有人折断了他为母亲的意外赠礼——花朵时，这对孩子来说，无疑是痛苦的。当然喽，人生几经此种痛苦，也会锤炼成一个真正的人。

对于年轻的父母来说，再没有比从孩子手里接过他亲手栽培的花，并在他把花献给母亲时，看到孩子闪烁出晶莹的目光那一刻更为幸福的了。在那一瞬间，孩子们的眼里充满着纯洁的、人性美之光，洋溢着孩子内心的欢乐——也就是为他人创造幸福之欢乐。

这种目光是圣洁之光、是人性之光辉，仿佛使孩子打开眼界去望向世界——人的世界，包括人的欢乐、忧虑、惊恐和苦难。孩子在给母亲献花时，第一次看到了母亲眼里闪出的惊喜和欢乐。在这一瞬间，孩子的心在说：“母亲少有感到这种惊喜，却常常有不少的苦恼时刻。”对最亲爱的人产生一种怜悯之心，力求时时刻刻给母亲带去惊喜，这就是孩子有一颗金子般的心的体现。现在，孩子越来越愿意去为亲人、为父母创造美。

这是对人进行真正的共产主义教育的开始。一个孩子在经历过为他人创造美、创造幸福的初步感受之后，会用一种全新的目光看待世界。在那盛开的苹果树枝叶中、成熟的一串串葡萄和那沉思着的菊花丛里，他看到的是人在劳动和关怀、焦虑的体现。他不会去伸手折枝、掐花，认为那样做就是一种奇耻大辱。

过了一年，两年……家庭里形成一个传统。在母亲、父亲、奶奶、爷爷的生日时，孩子们总要为亲人奉献鲜花。如果生日在冬季，就让孩子们在暖和的屋里或者在火炉旁，栽上一盆花……不知孩子为这些花要操多少心啊！这有多好啊！这些操心在触动着孩子的心！

让你的孩子对一些充满生机而又美好的东西、盛开着的和正要盛开的花朵，有一种焦虑和牵挂之心。让孩子常常去想想小苹果树在阵阵的秋风中冷不冷？让他们的心牵挂小灰兔在寒夜会不会走近苹果树去啃树皮？让他在朝霞时刻走进果园去摸摸苹果树的细枝，用干草给它包上以防冻伤。让孩子的心为春寒中冻死的花草和暴风雨中从巢中跌出的雏鸟而痛心。

要让孩子在果园里、在花园里建立自己的天地；到了冬季，要把自己的小天地移至屋子里暖和而又舒适之角落。

入学一两年之后，在学校学年开始之时，让孩子开辟一块感恩花园。在感恩花园里，种上妈妈的苹果树、爸爸的苹果树、奶奶的苹果树、爷爷的苹果树，还要栽种妈妈、爸爸、奶奶、爷爷的葡萄藤。这是孩子对父母关心的一种体现。提醒孩子要像照料玫瑰花那样去照料果树，这并非一件容易之事。这里，一切取决于父母的生活智慧和持久精神。要经常告诫孩子，他是在为谁劳动，用自己的劳动在为谁带去欢乐。两三年后，似乎等了很久的孩子们，看到自己亲手栽培的果树结果了，会感到此时是自己童年最为光荣的日子。现在，已无须有人去提醒他该去劳动了、该去浇水了，他是不会忘记这一点的。他早已期待苹果、葡萄快快成熟，好去摘下果子送给母亲，喜悦地看到母亲眼里闪出的惊喜目光。

这一瞬间，会在孩子的心灵里留下永不磨灭的痕迹。他仿佛登上了自己人生道德发展的第一座高峰。孩子们为了亲人，把自己的精力和体力都投入到劳动中，这是情感感受的完整世界。为他人创造幸福成了他的需要，他用心感到应该帮助同学、朋友和亲人。体会到做善事，会对周围世界，对他人，对人与人之间的举止、事件、相互关系表现出敏锐、敏感的态度，对父母的忧虑和苦痛也表现得相当敏感。一旦父母有了困难，在需要帮助的时候，他会有一种意愿而去帮助父母。

有些事，乍一看似乎并不是恶劣的行为举止，但对心地善良的孩子来说，也会感到不好。不久前，四年级学生科里亚对我说："我必须学好每门功课，妈妈的心脏有病……"这个学生感到，如果考试成绩单上得了个差分数，会让妈妈伤心的。他想让妈妈的心平静、安宁……孩子们千方百计好好学习都是有缘由的，首先是要给自己的母亲和父亲带去欢乐。只有当孩子已经感受到、体验到为父母创造幸福的欢乐之时，才会在孩子心中激起这种愿望。我坚信，迫使自己好好学习的孩子，能够激起为父母去做善举的愿望。

要记住，道德教育，首先是用理智和智慧约束自己。孩子从自己有意识地生活的第一步开始，就应该懂得三个概念："可以""不行""应该"。有些教育者，形象地说，他们不善于交替运用"可以""不行""应该"这三个概念，从而犯下严重的错误。有的十二岁以下的孩子，有的十三四岁甚至十五六岁大的孩子，只会说"可以"；到了青少年时，则要求一切"可以"。在他的头脑里，产生一种思想：他是宇宙的中心，周围的人都得围着他转。然后，突然有一天，正如人们常说的那样，骑到了父母的脖子上了，这时父母才开始说："不！"如此一来，在孩子面前，又展开新的、前所未知的周围世界：一切"可以"变成一切"不可以"了，感觉自己的手脚被束缚住了，满腹委屈。他对善与恶、真理与谎言的概念理解也扭曲了。直到现在，他们心神不宁、愤愤不平地感到无论做什么，父母总是去夸，（甚至对奶奶举起小拳头，对这个举动，他们也夸："瞧，我们的儿子，成独立自主的人了。"）这不就是给父母带去欢乐了吗？怎么突然间发现他给父母带去的不是欢乐，而是不幸和苦难了？他已经不是“小宝贝”，也不是“看不够的乖儿子”，而是该“天打五雷轰”的人了。取代温柔的空话，要么是拧耳朵，要么就是抽皮带。这时，孩子产生出一种病态的自尊心。父母最后出口的每一句刺耳的话，就如同在他的自尊心上撒盐。他怜惜起自己来，我把这种状态，毫不夸张地称为利己主义的无穷源泉。决不允许孩子产生这种状态，它会衍生出冷酷无情。要让一个人善于怜惜自己，只有在他学会以善意和怜悯去对待他人时，他才会做得到。

要学会怜惜孩子、爱护孩子。父辈之爱，应当是智慧的爱，决非出于本能的那种爱。这些教诲，对你而言，可能微不足道，但这是老一辈人的心愿，传承给下一代吧！

祝你身体健康，精神愉快。

拥抱你和吻你。

你的父亲

第28封信

关于读书的几条建议

亲爱的儿子：

你好！

你求我谈几点建议，怎样才能经济与合理地利用时间（用“合理”一词形容，完全正确）。你抱怨：“工作一件件接踵而至，眨眼之间，一整天就结束了。打算当天要做完的工作尚未完成，只好留了下来。”

从你的来信中，我还一目了然地看出，你有“一大堆书”，正如你所说，压在你身上的，可都是些你尚未来得及去读的必读之书啊。

我根据自己的经验，给你提出几条建议：

1.第一位的，也是最主要的一条，就是建议你学会在听课的过程中留有备用时间。这一点，我在去年就写信对你说过，不善于去听课，会导致大学生的脑力劳动出现“紧急出动”时期。测验（或考试）前的几天时间，就会一个劲儿地捧着演讲笔记不放；而在测验之时，一昼夜只睡上两三个小时，平日每天该去完成的工作，都堆到这一“紧急出动”时期。一年之内这种情况不少于五十次，也就是说，几乎占全年工作时间的四分之一。之所以时间不够用，这是其中一个最主要的根源。应该防止在“紧急时期”昼夜不停地去复习的做法，必须学会一边听讲，一边思考。每一天，即使只有两个小时也好，也要去复习笔记。我建议你把笔记分成两部分（栏）。第一部分记载讲课的简单内容；第二部分记载需要思考的问题，都是些该记住的、中心的、主要的问题。这是课程的构架，课程的全部知识系统都联结在这个构架上。对这一构架需要天天去思考。带着思考的问题，就要天天去阅读。正如我说过的那样，如果你能按照这个要求对待每门课程，那你就不会有“紧急出动”时期的日子了，也就不需要在准备考试或测验时死“啃”笔记了。课程的构架是一个独特的大纲，基于这个构架，就能记忆起这门课程的全部材料。

2.如果你想有备用时间，那就要天天去读书。每天都要去读上几页（四至六页）与课程有关的科学文献。此外，每天还要阅读不少于十至十五页的科学与科普书籍，不必深钻（不用记笔记），但要认真阅读和思考。你通过阅读所获得的所有知识，都将是你学习所需的知识根底。知识根底越丰富，学习就会越轻松。你每天读得越多，你的备用时间也就越多。因为你所读过的书与你课堂上学习的内容有成千上万个连接点。我把它称之为记忆的“锚”，正是这个“锚”把你所需的知识，牢牢拴在围绕着知识的海洋里。要迫使自己每天阅读，不要把今天该做的事推到明天。要知道，今天你错过的东西，到了明天无论如何是找不回来的。

3.你的工作日，要从早上6点钟开始。5点半起床，做早操，喝一杯牛奶（不要养成喝茶的习惯，茶要待到成年再去喝），吃上一个白面包。此后，就要开始去工作。如果你习惯于工作日从6点开始，那你就要尽力再提前十五至二十分钟着手工作。这是良好的内在动因，会提供你工作日整天所需要的动力。

每天清晨，上课前一个半小时，正是大好时光。凡是在早晨该做的，都要把它做完，三十年来，我都是从早晨5点开始我的工作日，一直工作到晚上8点。三十本有关教育方面的书和三百多篇其他科学著作，都是在这一时间写成的。我已经养成了脑力劳动的节奏，即使想去睡个懒觉，也办不到，因为这时我的心思只在脑力劳动上。

我建议，你要在清晨一个半小时之内完成最为复杂的创造性脑力劳动。这时要思考理论上的中心问题，钻研高深的理论文章，做些文摘。如果你有研究成分性质的工作，最好是在清晨时刻去完成它。

这样，你就不会熬夜了，要安排好自己的作息时间，一定要在10点半以前睡觉。

4.要善于确立自己的脑力劳动制度。这是特别重要的一条规律，很多事情都取决于它。这里，我是指主次关系。主要的东西要先安排，不要把它移到次要的位置上。主要的事，要天天安排去做。要确立那些最重要的科学问题，对这些的理解决定你能否成为一位工程师。这些问题都是互相渗透的，贯穿着许多学科。对那些主要的学术问题，你应当把它放在清晨脑力劳动时的首位。要善于寻找与那些主要学术问题有关的主要图书、科学著作，要花费时间去研究它们。

5.要善于给自己创造出内在动因。在脑力劳动中也会有很多你不感兴趣的工作，往往你的唯一动因，就只是“应该”。其实，脑力劳动恰恰是从这一点开始的。要善于集中精力思考这些问题的理论细节，要集中精力把“应该”变为“我想要”。把最有兴趣的工作，永远留在最后。

6.书刊如海洋在包围着你。在大学时代，选择阅读的书刊，应该持谨慎的态度。求知欲强、酷爱学习的人，总想把所有的书都读遍了，但这是不可能的。要善于限制自己的阅读范围。超出这个范围，就会打破你的劳动制度。你应该记住，随时都有可能遇到必读的新书，为了不妨碍你的阅读计划，需要动用你的备用时间。正如我在信中对你说的那样，这些备用时间，是从你善于听讲、课堂学习时，预防“紧急出动”日的到来而积累出来的。

7.要学会对自己说“不”！你周围有各种各样的活动：有科学小组、文艺小组、体育活动、舞会，以及各种俱乐部，这些活动都会耗费时间。要善于作出果断的选择，因为这些丰富多彩的活动很有诱惑力，不加以选择，会给你带来巨大的危害。娱乐和休息是必需的，但决不能忘记主要的一点，你是个劳动者，国家在你身上花费了大量钱财。所以说，摆在第一位的，不该是跳舞和休息，而是劳动。为了休息，我建议你去下棋，阅读文艺书籍。在绝对安静下聚精会神地下棋，这是调节神经系统、使思维条理化的绝妙一招。

8.不要虚度光阴。我指的是闲聊，虚度时光。有这种情况：几个人坐在屋子里，用乌克兰的话说，就是“海聊”，一个小时、两个小时过去了，什么事儿也没做。在这样的交谈中，不会产生任何智能思维，而时间却一去不复返了。要善于与同学们进行交谈，使之变为自己精神丰富的源泉。

9.要学会减轻自己未来的脑力劳动。这里所指的是，要善于建立未来的备用时间。为此，应该养成读书记笔记的习惯。我现在大约有四十本笔记。每一本都记载着有关教育学方面那些鲜明的、似乎有些是转瞬即逝的思想（这些思想“习惯”于在我的头脑里闪现一下，就再不复返了）。笔记中我只记下我阅读过的有趣而又有见地的话，所有这些记载，将来都是有用的，而这一切又能减轻脑力劳动。我知道，你也有记笔记的习惯，但是没有系统。要使自己的笔记有一个清晰的系统，这样才能减轻自己的脑力劳动。

10.对待每一件工作，都要寻找到最为合理的智力劳动的方式。要尽量避免老框框、旧套套，要不吝惜时间去深思那些与你有关的事实、现象和规律的本质。思考越深刻，记忆就越牢固。有些东西在没有领会之前，不要强记，这是白白地浪费时间。要学会浏览，理解你所要知道的那些东西，但切忌阅读时走马观花，这样会导致你为了记忆、理解一些事实、现象、规律的东西，必须反复重新去读。

11.如果一个房间里住着的所有人，都不能遵守严格的规章制度，个人要进行脑力劳动是不可能的。首先，应约法三章：在规定的时间里，绝对禁止说话、争论和去做扰乱安宁的事情。在聚精会神地进行脑力劳动的时间里，每一个人都必须完全独立地去工作。如有可能，到阅览室里去工作，尽量利用这种可能。

12.脑力劳动需要数学思维和文艺思维交替进行。要交替地去阅读科学文献和小说。

13.要善于改掉一些坏习惯，我指的是在开始工作之前，闲坐十五分钟、二十分钟；没有任何必要去翻阅那些本不想去读的书籍；一觉醒来之后，还在床上躺着，待上二十分钟等。

14.推到“明天”①——热爱劳动者最危险的敌人。任何时候都不要把今天该完成的事推到明天。应当养成习惯，把明天的一部分工作提前放在今天完成。这对明天所要完成的一切任务，都是一种最好的内在动因。

15.任何时候都不要停止脑力劳动，一天也不要停。四季，不要离开图书。每天都要用知识财富丰富自己，这是为未来的脑力劳动所必需的时间源泉。

这就是十五条戒律，我认为这十五条戒律是每个人学生都应遵守的。

祝你身体健康，精神愉快，心情愉悦！

你的父亲

① 原文就是“明天”，“推到”二字是译者所加的。——译者注

第29封信

生活的意义

亲爱的儿子：

你好！

我收到你心情忧郁的一封来信。你在新年前夕产生出这种心情令我吃惊。有时，我也会有这种心绪，就是“人为什么活在世上”“生活的意义何在”？

有关生活意义的问题，是伦理学的一个基本问题。你的心灵感到由于这种思绪而引起的不安，我甚至感到高兴。如果人心在任何时候，哪怕一分一秒不知有忧愁，那就不会理解生活的欢乐。

就在不久前，我曾参观一个博物馆，就是设立在华沙附近法西斯曾经的一个死亡集中营。博物馆内展出了杀人犯和暴徒们用心险恶想出的种种“发明”。我一眼望去，似乎都是些极简单的“发明”，有一个运货的四轮大车，法西斯分子让那些死刑囚徒往车上装十吨石头，再把石头在坑坑洼洼的路上运往一千米外的一处，卸下来；然后再装上去，拉回原地卸下来。让那些死刑囚徒，日复一日，一连几个星期、几个月不停地在干这种活儿。这项“发明”似乎简单，却暗藏着魔鬼般的主意：让人身体上、精神上遭受最可怕的苦难——一种毫无意义的苦役劳动。它把人所应具有的人性，一点一点地折磨掉——这就是法西斯暴徒的主意。其目的，不仅是骇人听闻的消耗人的体力，而且造成精神上的痛苦。如果一个人被逼去做毫无需要、毫无意义的事，那他就会感到是一种精神上的苦难。要记起古希腊神话中的“西绪福斯式的劳动”[①]，要记起但丁《神曲》中的地狱世界。

既然做善事、做恶事最终都得死，那人活着还有什么意义呢？恰恰就在人遇到这一苦恼问题时，宗教诞生出来了，向人允诺人到阴间可以不死。但是，在古代就已经有人明白，没有也不可能有阴间生活，任何人不可能不死。古犹太思想家埃克莱西阿斯特也说，既然一切来自尘土而化为灰烬，生活意义则为无，到头来“万事皆空，精神苦闷”。可是，同样是在古代，也有一些人明白，人之所以不朽，是由于他在奋斗，使自己的生活为新一代人留下重要的痕迹。

每一个苏维埃人，都有自己的一个生活目标（或几个目标）。一些人想成为工程师——新型机械操作手；另一些人则想培育出新麦种，使小麦一个穗处能长出两个穗来；还有人想当教师、医生

① “西绪福斯式的劳动”，指希腊神话中的科林斯城的王，因欺骗众神而受到惩罚。在冥府，让他往山上推一块巨石，刚到山顶，又让巨石滚下山去，他再往山上推，如此往复不已。“西绪福斯式的劳动”表示摧残人身心的毫无意义的劳动。——译者注

或心灵手巧的工人。可以说，每个人的目标就是生活的意义吗？不能！生活的意义，依我之见，就是一种更为深奥、无所不包的东西。比如，有人提出自己的目标是要创造飞向月球的宇宙飞船，有人认为能培育出高产小麦就是个人幸福。生活的意义，实质上就是一句话：为人民服务、为人类造福，人应具有更高的追求、创造力和美。生活的意义，并非是每个人的具体目标，而是生活的准则、生活的方针，为了使人所从事的工作，通过克服困难，都能获得取得成就的喜悦——生活的意义就表现在此。

现在我给你讲讲两个工人的故事。这两个人同住在第聂伯河边的一个小城里，年龄都五十了， 在工厂工作了二十五年；每个人都有自己的小房子，房子周围种上了葡萄，甚至葡萄的株数也相差无几，都有一百株左右。这两个人，一个名叫谢苗·拉夫连季耶维奇，另一个名叫安德烈·杰米多维奇。他们爱种葡萄到了忘我的地步，从早春到晚秋，一有空闲时间，总能在葡萄丛中见到他们的身影。两人各自收获的葡萄都在三吨左右。但人们对他俩的态度却有所不同。人人都喜欢谢苗·拉夫连季耶维奇，尽管大家都认为他是个“怪人”；而对安德烈·杰米多维奇呢，却有一种厌恶的态度，这是为什么呢？说起来是有原因的。

就在葡萄刚一成熟之时，谢苗·拉夫连季耶维奇的宅旁地段，从早到晚，总能听到孩子的笑声，他有几十个小朋友。谢苗在葡萄园里搭建了一个棚子，很像瓜田里的窝棚。他的朋友常来窝棚里相聚，他总是用葡萄款待他们，一个个吃得津津有味。临走时，还给奶奶、爷爷带些回去。每当晚秋时分，葡萄叶落了，地上盖满了色彩纷呈的“叶毯”，一根根枝条变成光秃秃的了。这时，谢苗便召集自己的朋友来，剪下几根枝条送给每个人，并说：“回家栽上吧，建立自己的葡萄园，也给人们带去欢乐。”这个时节，不仅孩子们来，也有些成年人，特别是那些小朋友的父亲们愿意来，与谢苗·拉夫连季耶维奇相谈甚欢。

那些认为谢苗是个“怪人”的人都问他：“你在葡萄园里劳动给你带来什么了？要知道，你从春天工作到秋天，一分未得图什么呀？三吨葡萄卖出钱来，可以建一座大房子了。”

谢苗微微一笑地说：“我的劳动所得已够多的了，深感自己是个富有的人，甚至比生活在地球上的任何人都富有。可是，我的房子已经有了；房子虽小，但我知足。”

孩子们都特别喜爱谢苗·拉夫连季耶维奇。他们时时刻刻地想着为他做点儿什么。当谢苗上班时，孩子们就在窝棚里等着他，谁也不会去摘一粒果子。谁若是企图做这种事，大家就会去揪他的耳朵。我坚信，从孩子们对他的态度上，也能计量出任何人的人性、诚恳和品德。凡是孩子们喜爱的人，就是真正的人。你在任何时候都不要去欺骗孩子，在他们面前，你无论如何是遮不住自己的真面目的。他们能感到和意识到虚伪，会以憎恨的态度对待虚假行为。

再谈谈住在离谢苗家不远的安德烈·杰米多维奇。大家也知道他是一个有生产经验、热爱劳动的工人，可就是人人都不喜欢他。人们都说，他这个人心胸狭窄，总提防着别人；他虽然也像谢苗那样，从早春到晚秋常待在葡萄园里，但这里从未听到有孩子的声音，葡萄园用高高的栅栏围着，在一块块木板上缠有带刺的铁丝，柱子上插有一块块碎玻璃，拴着两条恶狠狠的狗，还为两条狗建了一个坚固的狗舍。如果有人来买葡萄苗（他的葡萄只是为了去卖），安德烈·杰米多维奇就带着自己的货走出门外；卖完后，正如他所说，赶快将买家打发走。在葡萄成熟期，他日夜守在葡萄园里。他也有个像谢苗那样的窝棚，除了他自己外没有一个人在棚里待过。所存的葡萄，不留一串，都送到市场上去卖。据说，他攒下的钱已不止一千卢布了。

这就是两个人两种生活的意义。想想吧，该如何像怕火那样去躲避那些坏行为，而去追求好的东西。生活的意义就在于为人民服务。尽管街坊四邻都鄙视像安德烈·杰米多维奇那样的人，可那种人可能也感到自己挺幸福，其实他们的幸福，就是普柳希金[①]式的幸福。

我想用古代医生们的一句箴言“为照亮别人，去燃烧吧”作为这封信的结尾。你要深思这句话，儿子。如果没有无数个为人民的利益而忘我的榜样人物在，就不会有人类的历史，我们生活的一切都将化为阴森的牢狱。从穆奇亚·赛沃拉[②]到米哈依尔·潘尼卡科[③]再到卓娅·科斯莫杰米扬斯卡娅和亚历山大·马特洛索夫——他们就是人类历史苍穹中为人民服务的永远闪亮的星星，是人类美好未

① 普柳希金，是果戈理在其所著《死魂灵》中刻画出的一个贪婪、吝啬鬼式的人物形象。——译者注

② 穆奇亚·赛沃拉，相传是罗马的青年英雄。他刺杀尔谢纳皇帝，被捕后，为了显示自己不怕严刑拷打、不怕死，自己将右臂伸进烈火中。——译者注

③ 米哈依尔·潘尼卡科，苏联“卫国勋章”获得者。——译者注

来之理想。儿子，让这些星星照亮你前进的道路吧。为照亮别人，去燃烧吧！

祝你身体健康，精神愉快。拥抱你并吻你。

你的父亲

第30封信

专制之爱不如不爱

亲爱的儿子：

你好！

你请我回答如下三个问题：

1.当共产主义实现时，人是什么样的？未来人有什么最重要的特点？

2.现在最危险、最不能容忍的道德恶习是什么？

3.青年一代的教育存在的最严重的缺点是什么？

第一个问题，当共产主义实现时，人是什么样的？现在已有那样的人生活在我们中间。但决不能设想，在庄严时刻、钟声一响，宣告共产主义新人诞生这事。谢苗·拉夫连季耶维奇这个人，关于他，我对你讲过，就已经是未来的人。村民们还称他这样的人为“怪人”。其实，这样的人，我知道就有三十位之多。（顺便说说，我有个梦想，打算写一本有关他们的书，名为《怪人的世界》。）目前，就有一个这样的人，住在离我们学校不远的村子里。你大概能猜到，我说的这个人，就是伊万·普罗科菲耶维奇。他有一个大众花园。在他住的那条街上有十五个孩子，他是孩子们的辅导员。整个夏天，他都在花园里跟孩子们打交道，孩子们都乐意到花园里去组装收音机、游戏、唱歌、学拉小提琴……

在邻村还有这样一个人，是一位退伍军官，他领有一笔很可观的退休金。本该过着宁静、休闲的生活，但他却从早到晚为他人而操劳。他是共产主义思想宣传者。每天不闲着，他总要到田里、生产队、畜牧场去见见工人和农民，给他们讲讲世界上正发生的一些事，读读文艺书籍。他常常和工人们一起工作两三天，然后再转到另一个生产队或另一个畜牧场。

依我看，将来共产主义社会的人，首先是善良的人。感觉到人在精神上需要他人，依我之见，这就是未来人最重要的特征。他们极为关心的，在于使每个人、每一位同胞都能成为精神丰富、道德美好的人，成为聪明又热爱劳动的人。要善于去珍惜、尊重、热爱我们生活中最为无价的东西——人。所有这一切，我称之为善良、人性。

真正善良的人、有人性的人，都会有一种强烈的憎恶之感，去憎恨我们的敌人——战争贩子、腐蚀青年一代灵魂的人。我们应该教人像学会善良那样，去教人学会憎恨。

在柯热夫尼科夫[①]的长篇小说《这位是巴鲁耶夫》中，有一段

① 柯热夫尼科夫（1909～1984），苏联作家、社会活动家，作品有《迎着朝霞》《盾与剑》《这位是巴鲁耶夫》等。——译者注

精彩的话："我觉得，如果一个人感受到自己的劳动是一种忘我的享受，乐于为自身的欢乐而去工作，那么，就可以认为他的一只脚已迈入共产主义。"对劳动的热爱、在劳动中展现自己，这是共产主义理想在我们日常生活中生动的体现。我们坚信，只有在我国没有一个人对劳动冷漠，没有人认为劳动只是为获取糊口之粮的一种手段，到那个时候，共产主义才能深入到人的心灵里。"如果说世界上有上帝的话，那这个上帝就是劳动和劳动创造的奇迹。"（谢尔文斯基[①]语）我想用这句话道出其中之含义，即展现在人面前的劳动，有着自我教育、自我认识、自我完善的广阔天地。由于劳动是无止境的，人的自我教育也就无止境，使其完善也就没有极限。

关于第二个问题，我认为没有人性、对人冷漠、残忍是一种最危险、最不能容忍的道德恶习。在我们的社会里，居然还有这种"善"存在，岂有此理。我给你讲一讲我亲眼看见的，就在不久前发生的事件。

在第聂伯河上游处一个大的村庄里，有位九十二岁的老妇人作古了。她有四个儿子、十一个孙子、二十二个重孙， 她一生含辛茹苦啊！在六个坟墓里（在东普鲁士、马祖尔人的沼泽地里、在喀尔巴阡山、在柏林城郊等），都葬有她的骨血；在六个战士纪念碑上，都刻有她家族人的名字；在每一字、每一句之中，都含有她的不眠之夜、欢乐和希望。

老妇人最小的儿子，五十岁了，他悲伤地对大家说："请你们

---

① 谢尔文斯基（1899～1968），苏联作家。——译者注

帮帮忙，送我母亲最后一程吧。木材场没有现成的棺木。”于是，那些善良的人们，脱下帽子，站立着静默一分钟，然后便动手把一根大松树干锯成木板，接着说：“拿去吧，好男儿，给母亲盖最后一座房子吧。”可是木板要运出去，没有车，所有的车都在开动。就在这时，又遇有善良的人，开过来一辆汽车，司机为他排忧解难，宁肯自己将运输工作停下半小时。他们将木板装上车，刚刚开动，这时发生了一件奇怪而又野蛮的事情。汽车队队长发现自己的汽车装着木板，在为别人拉货，他怒吼道：“这是怎么回事？为什么你不去干自己的活儿？”

司机和逝者儿子对队长说：“你别喊叫，冷静冷静，有人去世了。”可那位队长不但不冷静，反而更加暴怒地跺着脚，在脸色苍白的司机眼前挥舞拳头。他爬上汽车，把木板扔了下来，让司机把车开走了。那位逝者的儿子站在木板旁边哭了起来。正值他的眼泪未干之时，有一位不相识的人赶着运货马车到了他的跟前。那位不相识的赶车人刚从制油厂回来，路过听到叫骂声，便停了下来，待他明白事情的前前后后，便动手把木板装到马车上，走到极为悲伤的儿子身边，悄声地问：“送到哪儿呀？”

那位汽车队队长所干的事，就是一种最可怕、最不能容忍的道德败坏行为。你要再三地问自己：在我们这里，那些不配称为人的人是在什么样的土壤里长大的呢？产生冷酷无情的原因何在呢？在我们这里，是不会产生残暴行为、仇视人类的社会条件的，那么这意味着一定有某种别的原因。这是在全面展开共产主义建设时期，我们面临的一个最为尖锐、最令人痛心的问题。直到目前，在我们的社会里，仍有像汽车队队长那样的人，谈论共产主义，只是靠梦想；不过，我们的建设并不指望于他。对这类人进行再教育是很难的。应该预防这种恶劣行为，这需要在一个人的童年和少年时期进行正确的教育。

我从小就知道有这么个汽车队队长。他叫伊万科，小时候也跟千千万万个孩子一样去上学，喜欢在夏天的雨后，光着脚在水洼里跳来跳去；有时爬进邻居家的果园里偷摘苹果，似乎别人家的苹果比自己家果园里的苹果香甜。

有关他的事，远不止于此。邻居们一提起他那些事儿就一肚子气。伊万科的奶奶跟他的父母住在一起。不知为什么，儿媳就是不喜欢她。让婆婆住进储藏室，独自做饭吃。伊万科常常听母亲说，奶奶这不好，那不好……有一次节日，伊万科的母亲做了一道凉菜。她对儿子说："乖儿子，给奶奶送去吧，就用我们装骨头的那个小汤盆送去……"母亲要往炉子里添些木柴时，对儿子说："伊万科，去拿些干柴来，把湿柴给奶奶吧。她不喜欢干柴，因为屋子里热。"

于是，孩子明白了，奶奶是个受人歧视的人。

一个夏天，奶奶对伊万科说："宝贝，到草地里给我采集点儿酸模[①]做汤喝……"伊万科没去草地，他跑到菜园里揪了一些甜菜叶给奶奶带去。奶奶眼神不好，便用这些叶子煮了菜汤。事后，伊万科还得意地对伙伴们讲述他是如何骗奶奶的。

小伙伴们听了伊万科的讲述，各个都感到惊奇，要是他们自己

---

① 酸模，多年生草本作物，也属蔬菜作物，含有丰富的维生素A和维生素C，可食用。——译者注

做出这种事来，父母肯定会说他们的。孩子们回家一五一十地说了这件事，于是村子里便传出恶儿媳、臭孙子的讨论来……

几年过去了，伊万科长大了，参了军。也许是命该如此吧，在整个战争的动荡年代，他平安地度过来了。复员后，他没有回到父母的家里，去了离村子不远之处一座大型发电站工作。一开始负责跑运输，运建筑材料。由于成绩好，没几天就当上了行车调度员，然后又晋升为汽车队队长。你别说，这种人还真有人喜欢他，只要上司说上半句话，他都会千方百计地去办到。

伊万科的父亲去世了，奶奶也作古了，剩下老母亲一人。儿子伊万科把老母亲安置在自家大石房的储藏室里，给她安了一个炉子，对母亲说："妈，自己做饭吃吧，平日安静地待着，别打扰我。"

也许就在这一刻，母亲回想起当年自己是怎样训令儿子给奶奶送凉菜的事。有可能，她还会想起那句民间箴言："关心人的心灵，不是在孩子顺着躺在床上时，而是要在他横着躺在床上的时候。"

人们把汽车队队长这类人看作丑恶之人，这类人不会有未来。未来是属于那些已经攀登上共产主义人性高台阶的人。在遥远的乌兹别克斯坦，某个集体农庄有一位叫沙马赫穆德·沙赫梅托夫的铁匠就是这样的人。他和妻子在战争的艰苦年代收养了十六个孤儿，并把他们培养成人。在乌克兰，有位社会主义劳动英雄娜杰日达·扎格拉达也是这样的人，在艰苦、饥饿年代，收养了二十二个孤儿，也都把他们培养成人。这才是真正的英雄主义，真正的人性。

关于第三个问题，青年一代的教育中存在的最严重的缺点，依我看，就是忘记了他们今天是孩子，明天就是成年人这一点。有许多父母，还有一些教师，他们对孩子的态度，仿佛他们永远是孩子似的。后来，不知不觉竟抓起自己的头发；怎么孩子一下子成了少年，少年怎么一下子成了青年，青年突然有了结婚的愿望?！这一切使父母为之愕然……

要在孩子身上看到明天的成年人的身影。要做到这一点，我觉得就在于父亲、母亲、教师以及所有教育孩子的人的生活智慧。换句话说，就是应该善于爱孩子。“孩子是神圣的、纯洁的，”契诃夫写道，“即使在强盗和鳄鱼那里，孩子也有天使的身份。我们本身有可能掉入任何一个倒霉的坑里，但孩子们应该笼罩在与他们身份相称的环境中……不能把他们作为自己情绪的工具：时而温存地去亲吻，时而跺脚去踢孩子。专制之爱，还不如不去爱。”

专制之爱，是摧残儿童的一种可怕之爱。父母的专制主义，就是一种由情绪引发出的“爱的变态”。如果父亲情绪好时，家庭里就笼罩着宽容的气氛，孩子可以任意所为，甚至小孙子可以举起小拳头捶打奶奶或者做出侮辱性的手势；假如父亲情绪不好时，他就会对孩子进行打骂。

而学校教育工作中最主要的缺点，我认为，就是忽视或者完全缺乏对学生进行公民教育。应该把培养公民放在首位，关于这一点还应该去多谈、多写。

祝你身体健康，精神愉快。

拥抱你并吻你。

你的父亲

第31封信

给女儿的信——谈论爱情的一封信

亲爱的女儿：

你的来信令我很焦急不安。你现今已十四岁了，正是即将步入成年女人的那个界线。你问我："爸爸，什么是爱情？"

此时此刻，我一想到今天已不是在和小孩子谈话，而是在和大姑娘交谈，我的心就嗵嗵直跳。当你步入这个界线之时，你会幸福的。而这种幸福，只有当你成为聪明的人时才会感受得到。

有无数的妇女，的确还有年幼的、十四岁少女们，都怀有一颗突突跳个不停的心，在去想"什么是爱情"这一问题。对这一真谛，每个人都有自己的理解。每个想成为男子汉的青年小伙子也都会去想这个问题。现在，亲爱的女儿，我给你写信就不会像从前那样写了。我内心的愿望，就是要向你转达善于生活的那种智慧。希望来自父亲的一席话，像一粒小小的种子，使你的观点和信念都能发芽。

什么是爱情？这一思绪同样使我有过不宁。在我的青年早期，对我最亲的人是我的外婆玛丽娅，她可是个非常了不起的人。我身上的心灵之美、聪明、诚实都归功于她。她在战争前夕作古了，享年一百零七岁。是她把我带入童话世界、教我语言，是她在我面前展现人之美。在我十六岁那年，一个早秋的寂静之夜，我跟外婆坐在枝叶茂密的苹果树下，望着飞向温暖地方的仙鹤，问道："外婆，什么是爱情？"

外婆善于用童话解说复杂的问题。她那双黑黝黝的眼睛，闪现出深思而又惊奇的目光，用一种前所未有的眼神在望着我。她讲起一个童话故事：

"什么是爱情嘛……当上帝在创造世界的时候，便教会了所有的生物去繁衍自己的种族，即生出与自己相似的物种。上帝让男人和女人定居在田野里，教他们盖起了草棚子，给男人一把铁锹，给女人一把种子。对一男一女说：'你们在这儿生活吧，繁衍自己的后代。我要忙我自己的事儿了。一年后，我要来看一看你们在这儿过得怎么样。'

"整整过了一年，上帝和大天使加百列[①]一道来到人间这里。上帝来的时候，正是清早，太阳刚刚升起。他看到棚子里坐着一男一女，面前放着田里长出的成熟的粮食，他们身边有一个摇篮，摇篮里有个孩子在睡觉。男人和女人时而看看红红的天空，时而彼此相望，在两人眼神相遇的那一瞬间，上帝看到了在他们身上

---

① 《圣经》中的人物。——译者注

有一种神秘的力量和一种不可思议的美。这种美比天空、太阳、大地、麦田都美；这种美胜过上帝造出的一切东西，甚至胜过上帝本人。

“这种美使上帝为之震惊、惊讶、愕然。由于惊恐和嫉妒，上帝的心在颤动，心想：怎么会这样，我创造了大地，是我用泥土捏出了人，使他有了生机。但我没让他们去创造这种美啊。这种美从何而来，这样美是何种之美呀?

“‘这是爱情。’大天使加百列说。‘什么是爱情呢？’上帝问。大天使耸了耸肩。上帝走近男人身边，用自己的老手触摸着他的肩膀，请求道：“人，你教教我什么是爱吧。”那个男人甚至没有感到上帝的手，觉得似乎是一只苍蝇落到了他的肩上，他朝女人的眼睛望去。

“上帝是个软弱无力者，但却是个残暴、爱报复的老家伙。他暴跳如雷，大喊大叫道：‘人，看来你是不愿教我什么是爱！你等着瞧，从这一刻起，你会变老。我会让你的生活，一点一点地消耗你的青春和力量。你会衰老不堪。人，五十年后我还会来，看一看你的眼里还能看到什么？’

“五十年后，上帝和大天使加百列真的来了。上帝看到的是，草棚子不见了，出现了一座木造的房子，空地上有一个花园；地里的庄稼成熟了，儿女们正在田里收割；孙子们正在草地上玩耍。木屋前坐着一位老头儿和一位老太太。他们一会儿看看那红红的朝霞，一会儿彼此相望着。此时，上帝在男人和女人的眼里看到了一种更坚强、更持久之美，不仅看到了他们之间的爱，还看到了真诚。于是，上帝暴怒，气得双手发抖，口沫飞溅。

“‘人，你为什么老得这么慢？赶快死，要在苦难中死去，埋进土里，化为灰烬。而我还会再来，倒要看看你们的爱情化为什么了？’三年后，上帝同大天使加百列又来了。上帝看到那个男人坐在一个小坟丘旁边，眼里充满忧伤，但却显出刚毅。这让上帝感到男人身上有一种坚强、不可思议的人性之美。上帝看到了，已不只是爱情、不只是忠诚，而是心在怀念。上帝由于恐惧和无能，双手在发抖。走到男人跟前，跪了下来，哀求道：“‘人，请你给我这种美吧！你想用什么来交换都可以，只要你把美给我。’

“人回答说：‘我不能，美太珍贵了。美的价值，是用死来换取的。而你，据说是不死的。’

“‘我让你不死，让你青春常在，只要你把爱情给我。’上帝怒吼道。

“‘不！不行！任何持久的青春、永生不死都不能与爱情相比拟。’人回答说。

“上帝站起身来，紧攥着自己的胡子离开了坐在小山丘上的老人。他转脸望着一片片麦田、红红的朝霞，他还看到了金色麦田里有一群青年男女，他们也时而望着红红的天空，时而彼此相望……上帝用手揪着自己的头发，从大地升向天空。从那时起，地球上的上帝就是人自己。

“我的小孙子，这就是爱情。爱情比上帝高贵。这是人类永久的美和不朽。我们会化为灰烬，但是爱情永在。”

亲爱的女儿，这就是爱情。地球上所有的生物都在活着、在繁衍，延续自己的种族，但唯独人有爱情。只有当他像人那样去爱的时候，他才是完整的人。人不会去爱，不能把爱提高到人性美的高度，这就意味着，生下来的他只不过是个生物，不配称为人。

我亲爱的女儿，现在我和你谈话，就像成年人同成年人那样，多好啊！你在思考着人类智慧的第一页又是最艰难的一页——什么是爱情的问题，这多好呀！如果年轻人都毫不例外地拥有这种智慧，直到永远，我们的社会就会是和谐的社会，所有的人都会有福分、幸福满满。

好女儿，不仅个人的幸福取决于青年一代怎样去掌握这一伟大智慧， 整个社会的美、道德纯洁和幸福，也取决于此。人可以学会去建水电站、宫殿、宇宙飞船、核潜艇，但如果他不学会真正的爱，他将成为野人；一个有学识的野人，要比无学识的野人有害百倍。

生活有两个方面：一方面，是人在各个工作岗位上的劳动，及其社会面貌和公民创造，以及他在人民和社会面前的义务；另一方面，就是人在精神心理、道德情操方面（包括家庭、孩子、义务），以及父母在孩子面前、孩子在父母面前应有的责任。很遗憾，在这方面仍有人停留在无知、奴隶、下流人的状态。说实在的，这种种不幸，都是可怕的不幸，就是社会的灾难。在精神心理、道德情操方面是无知者、奴隶、下流人的，就不可能成为真正的公民、真正的创造者、真正的爱国者。不管有人给社会带来多少财富，但只要带来一点儿灾难，就会害已害人。

亲爱的女儿，我收到了许多封来信，大都是和你一般大或稍大一点儿的姑娘的来信。已有上千封了，待你回家时读一读吧。信中反映出人在哭、在叫，但同时又在不安地提醒：人之爱应该去创造、去培养，不能靠生殖本能那样去延续种族。

在这些哭叫声中，就有一位十七岁姑娘，她是技术学院的女大学生。她认识了一个小伙子，两个人交上了朋友。小伙子爱喝酒、性格粗暴。有一次，他对姑娘说："别在我面前装成正经之人……"姑娘哭了，她很痛苦，可她还是原谅了小伙子的粗鲁行为。实质上，她原谅了下流的行为。她还说什么："要知道，我是爱他的。"后来，发生了一件不该发生的事：姑娘怀孕了。她与他发生性关系，与其说出自于爱，不如说出于惧怕：她怕什么呢？怕的是如果她拒绝他的性要求，那他就会走开，去找更温柔、更顺从的姑娘……当姑娘对小伙子说："我们有孩子了。"小伙子一听，惊讶道："怎么会是我们的孩子？是你的，不是我们的。"他说完扬长而去……姑娘离开了技术学院，去了另一座城市。她的精神生活受到了摧残。一段时间之后，她得知孩子的父亲被技术学院开除了。

"他爱我，但不尊重我……怎么办呢？怎样才能使他不仅爱我，还尊重我？"许多信中都发出这种绝望和惊恐的声音。令我觉得，这就如同一把烧红的烙铁在烤着我的心。

我亲爱的女儿，看来，我提到聪明的外婆讲的童话故事，是有益的吧！谈到什么是爱情，也是很必要的吧！我想事先提醒你，千万不要犯很多姑娘常犯的那种错误，因为她们要为这些错误付出很高的代价，其中有她们的幸福、欢乐、健康，有时甚至是生命的代价。人之爱不仅应该美好、忠贞、诚实，而且应该聪颖、慎重、敏锐并有所选择。只有在她聪颖、慎重对待爱情的时候，才有可能获得爱情的美好和幸福。记住这一点吧，我的女儿！要记住，生活中不仅有美和高尚的品德，很遗憾，还会有邪恶、阴险、卑鄙行为。你不仅要敞开善良的心扉，同时，也应具有严厉、果断和严格要求之心。

“他打我，我也爱他”，不知这句“奴隶哲学”从何而来，一些愚昧的女人也顺从着这样去说。生活中一旦遭遇这种“哲学”，对人来说，就是一种可怕、痛苦和屈辱。有一次，一位一年级学生的母亲，以一种绝密的神态对我说，她的丈夫因怀疑她不忠而打她，即使不打，也用另一种方式侮辱她。可那位母亲对丈夫的这种行为，甚至流露出满意之感，说什么：“如果他不爱我，就不会打我了……就是说，我在他心目中还是可贵的……”对此，我对年轻的母亲说，你应该大声呼叫，这是一种恶劣行为，应该去憎恨。可她却露出恐惧的样子，生怕我泄露她的秘密，慌慌张张离我而去，并一再声称：“我可什么也没对您说，是吧……”

在我的内心深处确实知道许多女人身遭恶行、不幸、苦难和屈辱之事。年轻的女人把这些事视为私密，生怕张扬出去，即使说上一点儿，也谨慎小心，不敢大声……

这一切是如何造成的呢？

奥古斯特·倍倍尔写道：“妇女早在奴隶出现之前就已成了

奴隶。”[①]如此看来，人世间精神奴隶的最后避难所，就是女人的心。亲爱的女儿，要像怕火那样怕这一点，千万别成为有教养的、知识丰富的“奴隶”。

毫不夸张地说，我坚信，在精神心理、道德情操方面，人有时还处于无知、奴隶、下流的地步。在精神奴隶条件下，无知和下流往往混为一体。这突然让我想起“他爱我，但不尊重我……怎么办呢？怎样才能使他不仅爱我，还尊重我……”这句话。仿佛话里在说有两件单独存在的东西，一个是爱，一个是尊重；今天他爱我，但不尊重我；明天他尊重我，但不爱我……

莱蒙托夫有句妙语说得好：“我用自己的全部身心去爱。”为拥有真正的爱，必须具有强大的精神力量。而学校、家庭的使命，老一辈人的使命，就是去激发人有这种英明的力量。所有学校教育，从本质上说，就是培养爱与不妥协的精神、培养爱与人的骄傲情感；培养有爱也要有恨，即爱祖国、爱人民、恨敌人，还要爱自己的母亲、父亲，要对人们有爱，做到这些，你才会成为唯一的人，才会与自己的观点、信念、精神激情和追求相称。

一旦你当着青年男子的面，或者一想到他时，你的心就嗵嗵地加速跳动，希望他以惊讶、赞赏的目光看你，把你当作世界的唯一时，这意味着你是一位成熟的女性，是一位未来的母亲、新生命的创造者了。

---

① 奥古斯特·倍倍尔（1840～1913），德国社会民主党创始人之一，德国和国际工人运动的著名活动家。他支持妇女解放。这句话出自他所著的《妇女与社会主义》一书。——译者注

亲爱的女儿，你的新生活就从这一刻开始了。记住，从这一刻起，你不仅要对自己的行为负责， 还要对你那个未来创造的人，你的骨肉、心肝宝贝负责。

激起做母亲的欲望，这是自古以来就有的性需求所致。这种与异性结合的欲望，目的是为了创造新生活，为了繁衍人类的后代，这是一种相互追逐的不可抗拒的性的本能。但是，这还不是人之爱。可以设想一下，有一块贵重的大理石，请来雕塑大师用他的妙手把这块大理石雕塑成一朵大理石玫瑰。雕塑出来，要不亚于鲜艳、香气芬芳、露珠闪闪的玫瑰花。雕塑大师深思，仿佛在这块美丽的、不成形的坚硬石头上看到了一朵花。于是，他开始雕刻。他精心地一凿一凿地在雕刻，脸上流着汗水，终于雕塑出一朵栩栩如生的、美艳的石头玫瑰。这是人用双手创造出来的美，须知，大理石没有智慧的双手去雕塑自己；没有人用内在的美及其才华触动它，它就是一块硬石头。这双智慧的手，就是人之爱。为了使你能从原始石头中得到一种美，为了使你具有崇高的人之爱，你就应该成为雕塑大师。有个别人不理解这种伟大的劳动——爱的劳动，我认为他就是个披着兽皮的原始人。这种人也会把一块大理石搬进洞穴里欣赏，可他就想象不到，在这块神秘的石头里，暗藏着一种奇妙之美。

不幸恰恰在于有很多年轻人，并不比原始人高明多少，他们挖出一块大理石，只知欣赏而已。这样的人一有性欲，就急于去满足，认为这就是爱。如果除了性欲，再没有什么了，那夫妻生活就只会是生孩子，生孩子不需要多大的智慧，连母鸡都会孵出小鸡的。这是性的本能使然……但孩子们不是小鸡，如果父母生孩子还比不上母鸡的聪明，那他们就是不幸的。

记住，亲爱的女儿，要知道你是人。人与动物的区别，在于人能举头去望星星。人不仅为了人种的繁衍去与异性结合，而且人的强烈渴望是与异性的眼睛彼此相望，这种渴望使人凌驾于一切生物之上。

少年和青年早期是人生的朝阳。人在朝阳时刻，应该具有智慧和勇敢之爱而去创造精神力量。对吧，我亲爱的女儿，想想这一点吧。为了爱，需要你一生都要去创造自己的精神力量。要珍惜爱情，要爱护它一直到死；要忠贞不渝，永不分离；要避免错误和失望。这就是我所说的智慧和勇敢之爱，只有这样，人才会有真正的爱情。如果你一意孤行、随波逐流，不知驶向何方；如果你情感里没有人的智慧和人的勇敢，那你任何幸福也不会有。相反，你还有可能遭受更大的不幸。假如只有冲动的性欲，只追求瞬间的快感和转瞬即逝的满足，这意味着，你，我亲爱的女儿，正遭受一种可怕的危险。好比有一朵花，乍一看很美、很迷人，事实上暗藏着一种致命的毒药。没有高尚的智慧和勇敢的性欲，就是巨大的恶劣行为。这种恶劣行为往往暗藏在你的生活之中。不必害怕说出这些话，应该直接说出来。这种恶劣行为，更加促使青年小伙子要求姑娘迎合自己的欲望，表面上看不是在做坏事，是在爱着姑娘；然而不幸就在于，青年小伙子在对待爱情上，无论精神还是道德方面都是不成熟的。他的身体发育到可以做父亲了，但在道德发展上，他还是个孩子。这样的“孩子”会伤人的，是可怕的。可怕之处，恰恰在于他会成为父亲。

这种不幸之根，就在于缺乏情感教育，情感上愚昧无知。而从情感上的愚昧无知到人之爱方面的下流，只一步之遥。亲爱的女儿，我有一条建议，你想想看对不对：愚昧无知的，不只是青年小伙子去追求满足自己的性欲和没有使自己成为真正男子汉的精神准备；愚昧无知的，也有一些姑娘，任意流露出“无拘无束”的情感，随波逐流，说什么：“连我也不知为什么，我就爱他……”如果青年小伙子用自己的无知，给别人、给社会带来灾难，甚至他还意识不到自己的无知，也给他自己带来灾难；那么，姑娘们，你们的无知，也会使你们自己遭受灾难。你们无论如何不能在爱情上成为愚昧无知的人，因为你们本身的天赋会使你们聪明、勇敢、机警、谨慎，有观察力、敏锐、严格要求和慎重。要成为一位真正的女人，就要从人的天生本性唤醒你是女人那一刻起，不做愚昧无知的人。我建议姑娘们：你们在选择配偶时，要有所挑选、要有严格要求，只要你们的挑选能与女性的智慧和勇敢结合起来，只要你们不轻浮，就会做到这一点的。如果女人心中有智慧和勇敢，使女人成为爱情的主宰者和统治者；那么，在精神心理、道德情操方面就会与所爱的人达到和睦。

女人，只有成为爱情生活中的主宰者和统治者时，才具有一种强大的力量，能培养出真正的男子汉。我无数次地相信，女人的勇敢性和勇敢行为，可以创造男人的精神财富、美、忠诚和诚实。你问我：“女人怎样才能使自己成为爱情的主宰者和统治者呢？怎样理解爱情的智慧和勇敢性？这种爱的强大之根何在呢？”

小姑娘、大姑娘、年轻的母亲都应该培养自己懂得这一真谛：爱情，就是一种责任。在爱情之中，要把责任放在首位，然后才是欢愉、快活。爱情的幸福，就在于对你所爱的人有巨大的责任。我认为这是学校教育的一条重要准则，即在学校里、家庭里，要笼罩一种为他人创造幸福、欢乐，为命运和生活负责任的精神氛围。要使孩子从小就懂得，在心中感受到，他的每一步、每一个行为举止，在其精神生活中都影响着和他一起生活的同学、父母和老师以及一些完全不相识的"局外人"。只有当一个人，不给别人带来灾难、苦恼、不宁时，才会感到自己是个平安幸福的人。

要使刚刚跨入校门的孩子、少年、青年懂得，即使自己是在不经意间触痛了某个人的心，也要为此感到不安。亲爱的女儿，这就是我所说的，要为爱情而创造的一种精神力量。一个人应该为他人去创造这种强大的、精神丰富的、慷慨无私的力量，同时，每一个人也都应该成为自己的教育者。

要善于迫使自己感到身边有个人，对他的心灵细微变化有所回应，这样的人才会有智慧和勇敢的爱。只有在感情上敏锐、热心、善良的人，才能够成为真正的严格要求自己的人，也才会对恶行为采取不调和、不能容忍的态度，对轻浮、精神心理方面的奴隶和卑鄙行为采取毫不宽恕的态度。一个人对他人要有一种责任精神，这是学校教育的一个范围。关于这一点，我会再给你写信去谈的……

每当我看到一些人在小事上不负责任，引发对大事上的不负责任，就心痛欲碎。记住，亲爱的女儿，爱情，就如同是个孩子。

含情脉脉的目光、拥抱、接吻——这是创造新生命的第一步。你想象自己爱情的幸福怎样，将决定你在爱情中寻找什么、得到什么，决定孩子的幸福，决定你和亲人的命运。我知道有些孩子，可以称之为有些轻浮的孩子，一点儿爱情观也没有，也没有孕育孩子的理念，而他们的孩子仿佛是偶然出现的。轻浮的人生出的孩子，则是不幸的孩子。

……一个阴郁的秋天，淅淅沥沥下着小雨。在汽车场门口站着一个七岁大的小男孩科利亚。他到那儿干什么呢？他只有妈妈，他从妈妈那儿、从众人那儿听说，他的父亲就在这里工作，是该汽车场的司机。有些善良的人指着一个人对科利亚说："看到了没有，那个男人就是你爸爸。"男孩子记住了那个人的脸形，现在他想当面去看看他。在科利亚的内心深处还抱有一丝希望：也许爸爸会停下车，从驾驶室里下来，走到他跟前说："儿子，现在怎么样？"也许还会让他到驾驶室里坐一坐……孩子的那颗童心一想到这点就嗵嗵直跳……可是，他的爸爸从他身旁开车过去了。科利亚发现，他看到了自己，然而他却无动于衷。

孩子心中忍受着悲痛、愤怒、怨恨回了家。他一个小孩子，现在对什么都不信任了，对他来说，世界上不存在任何神圣的东西了。

亲爱的女儿，你知道吗，孩子心中滋生出一种邪恶、憎恨的念头，对社会是一种多么大的不幸啊？一旦孩子有了自我意识，感受到了思想痛苦的折磨：谁也不需要我了，我是偶然来到世界上，我成了母亲的苦难和惩罚……这样的孩子就很难去培养了。如果社会有了这样不幸的孩子，社会就不可能幸福了。这类事，是任何东西无法替代，也是任何东西无法弥补的了。

人之爱，是人的一种高度文明。根据一个人怎样去爱，就可以做出他是怎样一个人的正确结论。因为在爱情方面最能鲜明地表现出一个人对我们社会的未来、社会道德准则的责任。

你的父亲